Devino **REGE**
sau rămâi **PION**

Andy Hertz

Devino **REGE** sau rămâi **PION**

Te-ai născut ca să învingi,
nu ca să îți plângi de milă!

Autorul nu este în niciun fel responsabil
pentru orice utilizare abuzivă sau greșită a conținutului.

Această carte nu este destinată pentru tratamentul oricărei probleme de sănătate sau ca un substitut pentru planificare financiară. Conținutul acestei cărți nu ar trebui să înlocuiască consultarea unui cadru medical competent sau pe cea a unui profesionist în domeniul financiar.

Prezenta publicație nu poate fi reprodusă,
stocată într-un sistem de recuperare sau transmisă sub orice formă sau prin orice mijloc electronic, mecanic, înregistrare sau în alt mod, fără permisiunea deținătorilor dreptului de autor.

Copyright © 2016 Andy Hertz
Toate drepturile rezervate.
Copyright © 2016 Smart Publishing

Redactor: Delia Petrescu

Tehnoredactor: Liviu Stoica

București 2016

www.hertzandy.com

Dedicată ție, cu mult drag

Mulțumesc tuturor celor care au crezut în mine și mi-au oferit suport în momentele dificile.

Mulțumesc celor care construiesc o lume mai bună, indiferent de locul în care se află, de statutul social sau de ceea ce au primit de la viață.

Îți mulțumesc ție, pentru că ai ales să citești aceste rânduri. Și, în special, mamei mele, pentru că mi-a dat viață!

Devino rege sau rămâi pion este cartea pe care am scris-o cu entuziasm, pentru tine, ca să-ți împărtășesc ceea ce am învățat și mă pasionează în domeniul afacerilor. Cred cu tărie că trebuie să învățăm cu toții, cât mai multe, despre mânuirea banilor. Realitatea este că cei mai mulți dintre noi nu am primit îndrumări în această direcție, atunci când eram copii și nici mai târziu. Dacă te uiți bine în jur, este plin de contabili săraci sau de angajați foarte pricepuți ai băncilor, care sunt dependenți de locul lor de muncă, adică, oameni care mânuiesc bani mulți și totuși au rămas la stadiul de „pioni". Astfel că, în această carte, o să găsești foarte puține despre cifre concrete. O afacere creată cu pasiune înseamnă mult mai mult decât niște simple socoteli. Ca o afacere să prospere, ea necesită dăruire, multă muncă, învățare continuă, autodepășire, stabilirea unor relații, curaj, marketing de calitate, idei puse în practică, găsirea și folosirea oportunităților etc., și are ca scop urmarea unui drum bine ales, pe sufletul tău și pe măsura dorințelor și posibilităților tale. Un drum pentru care merită să depui un efort mai mare la început, ca, mai apoi, să te poți bucura din plin de viață, familie, libertate și orice altceva îți dorești, astfel încât, dacă vei ajunge să trăiești din inerție, măcar să fie inerția venită dintr-un lucru bine făcut și urmare a unei vieți pline de belșug. Banii nu trebuie să devină un scop, ci o unealtă, un element cu ajutorul căruia te vei putea elibera din lanțurile sistemului care te exploatează din momentul în care ți-ai reglat ceasul deșteptător pentru prima ta zi de muncă. Acest sistem, atunci când te prinde, te poate face să îți vinzi timpul, să renunți la plăceri și, în unele cazuri, să te îndepărtezi de drumul pe care îți dorești, de fapt, să călătorești prin viață. Mai mult, te face să pierzi din vedere alte posibilități, oarecum îți spală creierul de visuri și te setează pe o singură direcție. Majoritatea oamenilor acceptă acest sistem ca o moștenire primită de la părinți și adoptă credința care spune că acesta este singurul mod în care oamenii pot să trăiască. Cei mai mulți dintre ei vor rămâne fideli acestei credințe pentru toată viața, educându-și urmașii în același fel. Iar ceilalți, puțini și liberi, îi vor conduce!

Această carte te va ajuta să conștientizezi situația în care te afli, să pornești pe un nou drum, să creezi, să îți asumi responsabilitatea pentru viața ta și a celor din jur, să găsești calea de a te elibera din cercul

„pionilor", în cazul în care te afli acolo și îți dorești să te desprinzi. Vei mai găsi tot aici idei de afaceri, exemple pozitive și negative din viața mea sau a unor cunoscuți, diverse soluții, impresii despre locurile de muncă, câte ceva despre țeluri și viziune, despre acțiune etc., văzute toate prin ochii mei.

Dacă nu ai citit prima mea carte, „Viața, cel mai frumos cadou", îți spun și aici că am trăit în mai mult de cinci locuri până acum, pornind dintr-un loc minunat, numit Săvârșin, județul Arad, iar, în prezent, locuiesc încă, în Southwark, Londra, Marea Britanie. Fiecare loc m-a învățat câte ceva și mi-a arătat viața în diferite forme.

Această carte este scrisă pe înțelesul oricărui om deschis spre schimbare și responsabilitate. Am gândit-o în așa fel încât, dacă m-aș întoarce în timp și aș găsi-o acolo, să fiu sigur că m-ar ajuta. Dacă aș fi găsit-o cu mulți ani în urmă, scrisă de altcineva, bine mai era... ☺

Sper să îți fie de folos!

Introducere

Ce faci cu viaţa ta?

Unii au pornit pe drumul vieţii de la un nivel mai înalt, alţii, de la unul de mai jos. Nu toţi ne-am născut într-o familie bogată, nu toţi am fost scutiţi de a fi cunoscut lipsurile. Chiar dacă am crescut într-un mediu liniştit şi frumos, în care am avut parte de educaţie bună, nu am avut neapărat parte de educaţie financiară. Unii dintre noi poate că am avut părinţi săraci, poate că nu i-am avut deloc sau poate că nu ne-am însuşit la timp învăţăturile venite de la ei şi legate de educaţia financiară sau, pur şi simplu, învăţăturile lor nu ne ajută să scăpăm din cercul vicios în care am căzut fără voia noastră, un cerc în care, înainte, probabil că au căzut şi ei. Iar fără educaţie financiară nu putem să păşim pe un drum diferit de cel spre care am fost ghidaţi în perioada copilăriei. Banii nu aduc fericirea, dar lipsa lor ne ţine departe de excursii, de alimente curate şi sănătoase, de posiblitatea de a oferi cele necesare copiilor noștri, ne mai ține departe și de a ne găsi libertatea și liniștea, de o viață împlinită și liniștită. De exemplu, sigur că o mașina bună nu poate să fie motivul unei vieți fericite, dar una veche cu care pierzi vremea pe la diverși mecanici, lună de lună, îți mănâncă nervii.

Despre sănătate, prieteni, pasiuni sau unele idei de afaceri, am scris deja și în „Viața, cel mai frumos cadou". În cartea de față însă am hotărât să scriu despre carieră, bani și afaceri, pentru că aceștia, prin lipsa lor, nu te lasă să te bucuri cu adevărat de viață. Așadar, cred că subiectul banilor are o importanță majoră în dezvoltarea personală.

> *Cine vrea să miște lumea*
> *trebuie mai întâi să se miște el însuși.*
> Socrate

De ce „Devino rege sau rămâi pion?" Din titlu poți înțelege că am să îți vorbesc despre o schimbare radicală și, totodată, voi încerca să explic ce înseamnă rămânerea într-o stare de inerție. Pentru că, în carieră, este vorba de „regi" și de „pioni". Conducători și subalterni. Oameni liberi și oameni dependenți. Fie că te afli în prima categorie, fie că te afli în cea a pionilor, faci parte din aceeași tablă de joc și anume viața. Dacă ești deschis la schimbare și, pentru tine, faptul de a trece de la o tabără la alta sună realist sau va suna după ce vei parcurge rândurile acestei cărți, înseamnă că accepți să intri, pentru prima oară, în mod conștient, în acest joc, deși erai acolo, probabil, de multă vreme. Schimbarea pe care o aștepți trebuie să vină din interiorul tău. Sunt curios, dacă aștepți schimbarea, de cât timp o tot aștepți. Dacă îți dorești ca ceva să se fi schimbat în trecut, în viitor îți vei dori să fie schimbat ceva, acum. Dacă nu se schimbă mare lucru de la sine, ar fi bine să iei atitudine.

De ce Rege sau Pion? Pentru că, în zilele noastre, nu trebuie să te naști rege, ca să trăiești asemenea unui rege. În zilele noastre, trăiești așa cum alegi să trăiești. Pion, în schimb, poți rămâne foarte simplu, de fapt, nefăcând nimic special. Rămânând dependent, într-o stare de relaxare continuă, vei îndeplini visurile altora mai hotărâți în a-și folosi timpul și a-și depăși limitele.

Dacă îți iubești locul de muncă și nu vrei cu niciun chip să începi o afacere, dacă nu ai curajul să îți iei viața în propriile mâini și să faci ceva mai mult, dacă nu îți place să fii independent sau dacă ai ales deja o cale bună pentru cariera ta, atunci cartea aceasta nu ți se adresează. Dar trebuie să îți asumi posibilitatea de a rămâne pion.

După cum spuneam în prima mea carte „Viața, cel mai frumos cadou", nu cred că poate exista fericire deplină într-o familie care nu își permite să cumpere haine copiilor sau să achite factura de curent. Este nevoie de bani în orice loc, la orice pas. Asta, dacă nu cumva alegi să trăiești o viață aspră, aidoma unui pustnic într-o peșteră. Banii nu schimbă omul, deși mulți cred asta și tot felul de alte mituri despre bani, inventate de cei săraci, fiind nevoie, în multe locuri, de o scuză sau motiv pentru sărăcie. Dacă ești un om bun, și cu bani, și fără bani, vei rămâne la fel de bun. Sau, dacă vei deveni rău cu bani, de ce nu vei deveni rău și fără bani? E o stupiditate fără margini să crezi că banii aduc relele în viața ta. Un om rău, invidios, orgolios, desigur, își va amplifica aceste însușiri, odată cu creșterea averii lui, dar nimic în lume nu îl va face mai bun, dacă el singur nu va dori acest lucru. Banii sunt niște simple hârtii. Avem nevoie de bani, putem să îi înmulțim, ideea este să o facem distrându-ne. Atunci când renunți la viața ta ca să îți vinzi timpul, energia și sănătatea pentru a face mai mulți bani, după care să îi cheltui pe lucruri de care nu ai nevoie, faci cea mai mare greșeală posibilă în lume. Timpul tău este scurt, de aceea, caută să faci bani printr-un plan bun, prin pasiuni, prin distracție și prin alegeri proprii, astfel încât să îți rămână timp pentru familie, pentru odihnă și pentru tot ceea ce mai vrei tu să faci în afară carierei. Construiește-ți visul tău, nu pe al altuia, și, odată cu asta, o să vină și bani destui. Nu urmări câștigul, urmărește distracția și planul tău pentru o viață frumoasă și împlinită. Dacă nu ai un plan sau o idee sau nu știi cum să începi, cartea aceasta s-ar putea să îți fie de mare folos. O scriu, cu drag, pentru tine, din experiențe personale, gânduri, idei și planuri crescute de o parte și de alta a drumului ce m-a adus în punctul în care mă aflu. Haide să călătorim o vreme împreună, până când îți vei găsi și tu drumul împlinirii. Este destul pentru toți.

Ok...

Poate chiar ai bani destui, ai o mașină bună, o casă suficient de mare pentru tine și familia ta, îți permiți un concediu minunat în fiecare an, ai o familie fericită. Din afară se vede foarte bine. Dar ceva nu se potrivește în micul nostru puzzle: ziua de luni. Dacă ziua de luni îți strică dispoziția serii de duminică, mai mult ca sigur că nici următoarele zile, până vineri, nu sunt ceea ce trebuie să fie. Ai socotit vreodată câte zile lucrătoare sunt în 35 de ani de muncă și câte zile libere îți revin?

Cu sufletul tău cum rămâne? Cum rămâne cu diminețile în care ți-ai dori să mai lenevești puțin, apoi să îți bei în tihnă cafeaua, dar trebuie să fugi prin ploaie și frig către locul de muncă? Cu planurile la care visezi de ani de zile cum rămâne?

Atât timp cât lumea aceasta ne oferă atât de multe, de ce nu ne-am simți liberi să alegem orice? De ce să ne limităm printr-o gândire învechită, care spune că trebuie să acceptăm ceea ce am primit, că nu e bine să riscăm, că trebuie să urmăm calea altora și că un loc de muncă sigur e tot ceea ce ne dorim? Eu cred că ziua de luni trebuie să fie egală cu oricare altă zi din săptămână și trebuie să fie așa cum alegi tu să fie, nu cum vor alții, pentru că este vorba de viața ta. Și, ca să poți să faci ca ziua de luni să fie una veselă și frumoasă, nu o povară, trebuie să găsești soluții pentru a face ceea ce îți place. Pentru asta trebuie să devii bogat. Bogat nu este cel care are bani mulți, ci cel care face bani, fiind, în același timp, fericit zi de zi. Bogat este cel care se bucură din plin, de drumul ales pentru viața lui.

Dacă îți place pescuitul și urăști mersul la muncă, atunci tranformă pescuitul, pasiunea ta, într-o afacere. Îți trebuie bani ca să trăiești. Nu știu nici eu și, cu siguranță, nici tu, familie fericită care nu are ce pune pe masă. Găsește acea activitate, frumoasă pentru tine, din care să faci și bani. E adevărat, nu toate se întâmplă peste noapte, dar vom vorbi despre asta, puțin mai târziu. Și da, sunt mulți acei care nici nu cred că există varianta de a dezvolta ei înșiși o afacere sau de a face niște investiții inteligente care să le genereze profit.

De câte ori te-ai întrebat ce cauți pe acest pământ? Oare te-ai născut ca să muncești până la moarte, trăind de la o lună la alta, limitat și închis într-o cușcă a minții? Sau te-ai născut pentru a lăsa ceva măreț în urma ta, pentru a duce o viață prosperă, pentru a oferi copiilor tăi tot ceea ce le trebuie, pentru a te bucura de fiecare zi a săptămânii? Nimic nu e mai frumos decât să sari din pat în fiecare dimineață, plin de energie, pentru o nouă zi, așa cum ți-o dorești. Iar timpul, acel timp petrecut în mijlocul celor dragi, nu trebuie să fie limitat de activități obositoare psihic. Ce să mai vorbim despre cei plecați prin străinătate, pentru bani, nevăzându-și copii crescând.

Ca să te poți bucura de fiecare zi în parte, ca să te bucuri de timpul liber și ca să îți împlinești visurile, îți trebuie sănătate. Sănătate nu poți să ai atunci când ești în permanență trist, obosit, nefericit, prost dispus. Toate se leagă undeva, la un moment dat. Ca să fie toate în ordine, fiecare zi trebuie să îți fie bună. Dacă te trezești dimineața și pleci spre muncă fără chef, fără voie bună, fără poftă de mâncare, undeva, cândva, o za mai sensibilă se va rupe. Nu poți continua la nesfârșit să mergi pe un drum plin de mâl, în care ți se afundă picioarele. Până la urmă, obosești și cazi, uitându-te în urmă, la un drum parcurs degeaba. Unii spun că se sacrifică pentru copii. Problema e aceasta: copiii îți urmează exemplul. E ca și cum le-ai spune să nu fumeze, în timp ce tu îți aprinzi țigara. În plus, cum poți să creezi, să dăruiești copiilor și lumii întregi tot ceea ce ai mai bun, atunci când ești lipsit de energie și cu sufletul înecat în lacul zilelor nefericite.

Iubirea de bani este rădăcina a tot felul de rele, e avertismentul din „1 Timotei" 6:10

Nu banii trebuie să fie scopul tău, ci fericirea de a face ceea ce îți dorești. Banii și răsplata vor veni negreșit. Și Dumnezeu se bucură și te răsplătește, atunci când vede că îți folosești viața cu adevărat și o trăiești în bucurie, dăruind lumii tot ceea ce ai mai bun. Banii, în sine, nu sunt răi, însă iubirea de bani devine o boală.

Dacă întrebi copiii oamenilor bogați, dacă, la rândul lor, vor să fie bogați, ei vor răspunde că nu vor asta. Ei nu au nevoie de bani, ci de timp liber cu părinții. După ce cresc, își dau seama că, fără bani, nu pot să facă mare brânză. Nu-i pot ajuta pe alții, nu pot să creeze prea mult, nu se pot bucura de viață în toate privințele.

Cei săraci însă, cred că a fi bogat înseamnă vacanțe prin Maldive, Tenerife și Bali. Ei bine, din experiența mea, a fi bogat înseamnă multă muncă. La Loto câștigă foarte puțini dintre cei care joacă. Moșteniri semnificative primesc la fel de puțini. Ceilalți fac bani prin muncă. Chiar și unii care au primit moșteniri, tot prin muncă își mențin averea.

Dacă vrei să fii bogat, pune mâna și muncește, învață, iar, mai târziu, îți vei putea găsi și timpul liber. Câștigul cel mai mare va fi munca făcută cu plăcere și independentă.

Haide să îți spun povestea unui om de afaceri, care a pornit de jos. Trăia într-un oraș sărăcuț fără potențial la acea vreme. Încă nu se vorbea despre turism, fabricile se închideau. Și-a luat soția și au plecat la muncă în străinătate. Acolo, el a lucrat ca instalator, iar ea făcea curățenie prin casele oamenilor. Au strâns bani câțiva ani de zile, după care s-au întors în orașul lor, la fel de sărăcuț cum l-au lăsat. Trăiau într-un apartament cu două camere, cumpărat cu banii de nuntă, cu mulți ani în urmă. Toți banii strânși în străinătate i-au investit într-o afacere care era pe val în acei ani și anume o firmă de jaluzele. Toată lumea își punea jaluzele, în birouri, case, prin sate. Au adunat bănuț cu bănuț, iar când s-a terminat cu setea oamenilor pentru jaluzele, au deschis o firmă care se ocupa cu instalarea de centrale termice. Asta era cerința din acel moment. Încetul cu încetul s-au extins și în alte orașe, au început să ofere clienților toate serviciile ce țineau de instalații termice și sanitare, au format echipe de mentenanță și revizii, verificări de gaz, depanări. Biroul lor însă era într-un apartament modest. Abia după ce și-au investit banii în active (spații comerciale, apartamente și terenuri), și-au construit un sediu impunător și un depozit mare pentru mărfuri. În cele din urmă, când banii deja veneau de la sine, și-au costruit casa mult visată și s-au relaxat. Astăzi, dețin o firmă de succes, cu puncte de lucru în multe orașe, dețin proprietăți imobiliare care produc bani fără muncă, se bucură de succes. Dacă banii câștigați în străinătate i-ar fi cheltuit pe casa la care visau și înainte, nu le-ar mai fi rămas nimic pentru afaceri și, astfel, astăzi ar fi fost niște simpli muncitori care ar fi trăit de la o lună la alta. Acum, se pot lăsa oricând de muncă și banii oricum vin din investițiile făcute într-un mod înțelept.

Oamenii merg la muncă, e normal. Dar, dacă tu ieși din cercul acesta, o să rămână oricum șoferi de autobuz, muncitori în fabrici sau vânzătoare. Nu foarte mulți își dau seama de ceea ce pot face cu viața lor. Eu, după ce am realizat asta, cred că ar fi foarte greu să accept un loc de muncă la care poate mulți tânjesc. Atât timp cât nu aș putea schimba viața multor oameni în bine prin ceea aș face, aleg libertatea. În loc să fiu director de fabrică, aleg să mă plimb prin munți, iar, în loc să mă înghesui prin autobuz, în drum către serviciu, aleg să iubesc ziua de luni!

Capitolul 1
Primii pași

Voi începe cu partea pe care nu vrei să o auzi, ca să te pregătesc. De ce să nu faci afaceri și să rămâi pion:

- E mai mult stres, uneori.
- Vei avea mai multă responsabilitate pe umeri. Vei decide tu pentru alții, nu alții, pentru tine.
- Poate nu asta îți dorești cu adevărat.
- Vei munci mai mult, iar timpul liber se va diminua, până când afacerea ta va începe să lucreze pentru tine.
- S-ar putea să nu îți iasă. În afaceri există riscuri, dacă nu vrei să ți le asumi, acest drum nu ți se potrivește. Multe firme noi intră în faliment în primul an, iar, mai multe, în următorii 5 ani.

De ce să faci afaceri, de ce să te bucuri de abundență, de ce să devii rege? De ce să dezvolți visul tău, și nu pe al altora?

- Ești propriul tău șef.
- Faci ceea ce alegi tu să faci.
- Ești mai flexibil în ceea ce privește trezirea de dimineață.
- Poți fi creativ.
- Poate fi profitabil.
- Poți ajuta pe alții.
- Poți lucra de acasă.
- Îți împarți timpul după bunul plac.
- Poți lăsa moștenire ceea ce creezi.
- Nu te poate da nimeni afară.
- Ai o mai mare determinare.
- Poți deveni independent finaciar.
- Poți crea locuri de muncă.
- Vei avea parte de provocări.
- Te vei înconjura de oamenii pe care tu îi vei alege.
- Vei învăța multe.
- Îți vei petrece fiecare zi în abientul ales de tine.
- Îți poți împlini visul.
- Etc.

Se întâmplă să ajung prin stații mari de metrou, în Londra, foarte rar, la ore de vârf. S-ar putea să fie luată de unii ca o jignire, dar când văd sute sau mii de oameni care suflă unul în ceafa celuilalt, împingându-se cu pași mici către scările rulante, nu pot să nu asociez acea masă de oameni cu o cireadă de oi, care sunt direcționate, cărora li se dă sensul de mers, cu voia sau fără voia lor. Pot să jur că 99% dintre ei și-ar dori să fie în altă parte, în acele momente, și nu în drum spre locul lor de muncă. Dacă se întâmplă să treci zilnic prin așa ceva, unul dintre primii pași este acela de a realiza că ești pe un drum greșit. Al doilea este să alegi să îl părăsești și să pășești pe un altul, ales de tine. Dar nu astăzi! Trebuie să creezi un plan bun și realizabil. Ca și la șah, ai nevoie de gândire și strategie, nu faci întâi mutarea, ca, mai apoi, să gândești și alte câteva posibile mutări.

> *Sarcina ta nu este să cauți iubirea,*
> *ci doar să cauți și să găsești toate barierele*
> *dinlăuntrul tău pe care ți le-ai construit*
> *singur pentru a te feri de ea.*
> Rumi

Acum, vezi afirmația de mai sus prin prisma succesului în afaceri sau carieră, în general. Sarcina ta nu este să cauți succesul, ci să înlături barierele pe care poate chiar tu le-ai pus între tine și succes. Sună bine, nu?

Să luăm exemplul meu. Cei care mă cunosc s-au obișnuit cu realizările mele, așa cum te obișnuiești cu un culturist pe care îl vezi zilnic. Nu îți dai seama cât de mult a crescut, decât prin comparația a două

poze. Ei bine, le aduc aminte că, în urmă cu 7 ani, nu aveam nimic altceva decât un job „sigur". Acum, deși sunt încă pe drum, dețin deja proprietăți imobiliare, care îmi aduc venituri lunare, am un plan bun pe care îl urmez și sunt liniștit. Dar sunt încă pe drum. În cartea „Viața, cel mai frumos cadou" ți-am povestit concret planul pe care îl urmez în legătură cu proprietățile imobiliare și ți-am scris din experiența mea, câteva rânduri pentru succes:
- trebuie să ai un plan;
- să petreci timp cu oameni care fac ceea ce vrei tu să faci, pentru că vei învăța multe de la ei și te vor susține;
- oamenii care se gândesc doar la bani și nu simt plăcerea demarării unei afaceri nu au foarte mari șanse de succes. Dacă îi vei întreba câți bani vor, ei habar nu vor avea;
- muncește eficient;
- ai încredere în tine;
- vizualizează scopul tău;
- nu asculta sfaturile celor care nu fac ceea ce vrei tu să faci. Învață de la profesioniști;
- oferă-ți timp pentru studiu despre domeniul de afaceri ales, citește cărți despre afaceri, în general, și educație financiară. Trebuie să faci de unul singur acest lucru, în școli nu se învață despre cum să faci bani;
- concentrează-te pe economisire, pentru a putea începe o afacere, după aceea, fă câți bani dorești;

- profită de oportunități, după ce începi să le găsești;
- folosește banii cu înțelepciune și reinvestește mare parte din ei;
- nu fi lacom, nu uita să-i ajuți pe cei nevoiași;
- fiecare pas trebuie bine judecat acum, în perioada în care poți să cumperi iluzii;
- învață să te oprești, atunci când trebuie, și nu îți supune afacerea unor riscuri prea mari;
- a crede că poți face orice îți propui pare o chestiune simplă. A face chiar ceea ce îți propui poate părea greu. Acțiunea se naște prin întrebarea „Cum aș putea face?" Acestea fiind doar gânduri, adevărul despre ceea ce poți face îl găsești prin acțiune, iar, dacă nu acționezi, nu îl vei ști niciodată. Fără acțiune, vei aduna o minunată colecție de posibilități pierdute;
- a renunța la ceea ce faci greșit, la ceea ce nu iubești, la ceea ce nu faci din plăcere, nu înseamnă oprirea cursului vieții tale, ci presupune că, din acel punct, pășești pe un drum nou, drum ce reprezintă șansa ta de a face ceva măreț;
- dacă vrei să te schimbi, să nu faci asta niciodată pentru ceilalți, ci pentru sufletul tău.

O călătorie de 1000 de leghe
începe cu un singur pas.
Proverb chinezesc

Andy Hertz

Toți vom lăsa în urmă o poveste, dar, hai să o facem extraordinară, cât încă mai putem. Eu aleg ca povestea mea să nu rămână una mediocră. Tu ce alegi?

Capitolul 2
Ieşi din zona de confort

*De ce ar trebui să stau
în partea de jos a unui bine, atunci când
o frânghie puternică este în mâna mea?*
Rumi

Dacă eşti de părere că părinţii tăi duc o viaţă săracă şi nu vrei să le urmezi calea, află că poţi ajunge la vârsta lor într-o situaţie şi mai dificilă sau mult mai nefericită, singur sau alături de cineva cu care să nu împărtăşeşti prea multe amintiri şi dragoste, ci, poate, nevoi şi necazuri. Aşa că spun să priveşti din mai multe unghiuri traiul în doi, o relaţie de căsătorie sau convieţuire. Până la o vârstă, alegi, după o vârstă, culegi, vorba bătrânilor. Asta se aplică şi în afaceri. Dacă eşti de părere că părinţii tăi duc o viaţă săracă şi nu vrei să le urmezi calea, trebuie, evident, să alegi o alta. Calea ta.

Cred cu tărie în faptul că, dacă eu am putut face asta, poţi şi tu. Dacă eu am crescut fără un ajutor rial semnificativ și am reușit să ajung acolo uni-am propus, poți și tu!

Dacă îți petreci o mare parte din timp în zona de confort, înseamnă că renunți la a utiliza tot ceea ce ai, la a face tot ceea ce poți, la a trăi din plin. Eu sunt conștient de faptul că sunt responsabil în totalitate de viitorul meu în afaceri. Doar de mine depinde să învăț, să mă informez, să caut oamenii potriviți, să apar în locurile potrivite. Succesul nu vine să mă caute acasă. Potențialii parteneri de afaceri sau clienți nu vor veni mă ridice din pat. Eu trebuie să îi caut.

> *În definitiv, nu anii din viața sunt*
> *cei care contează, ci viața din anii tăi.*
> Abraham Lincoln

Omul trăiește, în medie, nu mai mult de 960 de luni. Primii și ultimii 20 de ani de viață nu îi mai socotesc. Asta înseamnă că rămân pentru muncă cel mult 480 de luni. Dacă ești foarte tânăr, ai cele 480 de luni de acum înainte. Dacă ai în jur de 30 de ani, ți-au mai rămas, aproximativ, 360 de luni. Dacă ai 40 de ani, ți-au mai rămas vreo 240 de luni. Ce alegi să faci cu ele? Cum o să le petreci? Nu ar fi mai bine ca în următoarele 10-30 de luni să îți creezi un plan bun, să înveți despre o nouă carieră sau afacere, iar pe restul să le petreci așa cum vrei, decât să le petreci pe toate așa cum nu vrei?

Nu aștepta o tragedie, ca să îți schimbi viața. Schimbă-ți viața pentru că vrei tu să o faci mai bună, nu pentru că te împinge sărăcia sau foamea. Încearcă să nu ajungi acolo. Iar, dacă ai ajuns acolo, cu atât mai mult ai toate motivele să începi ceva nou.

În momentele grele, ieși din rutină, din confort. Din păcate, fără să vrei. Din fericire, o faci! Atunci când se întâmplă asta, înveți, împingându-ți limitele cu puterea celui care nu pierde nimic, îți creezi rezistență în fața provocărilor și te duci tot mai sus, fără regrete și fară frică.

De ce am ieșit eu din zona de confort? Sincer, am și uitat cum e să stai degeaba. Nici nu mai țin minte cum arată ultima zi în care am lenevit sau m-am uitat din pat, la televizor, de dimineața până seara. Pe scurt, îmi place la nebunie să fiu activ. Îmi plac afacerile și, cel mai mult, imobiliarele în care am investit în ultimii ani, cu succes. Îmi place să scriu. Cum prind niște timp liber, scriu. Orice. Cunosc electrică și electronică, după două școli terminate în domeniu. Până să plec în UK, am dezvoltat o afacere cu bijuterii, știu să le confecționez, să import și să vând. Cunosc oameni de valoare și în domeniile legate de afaceri. Și am încredere că, dacă vreau, pot să înființez de la 0, aproape orice tip de afacere. Știu legi și funcționarea sistemului bancar. Toate acestea le-am învăţat. După ce am avut în subordine 150 de oameni, pot spune că mă pricep şi la mangement. Şi, cel mai important, am învăţat să caut şi să găsesc informaţii utile, atunci când am nevoie de ele. Iar ceea ce fac în fiecare zi e distractiv, asta contează cel mai mult pentru mine.

Cu mulţi ani în urmă, abia aşteptam să plec de la muncă, să ajung acasă şi să mă aşez în faţa televizorului sau să mă ocup cu alte activităţi care nu îmi ocupau prea mult mintea. Acum, uitându-mă în urmă, realizez că acei ani au fost cei în care nu am realizat nimic memorabil şi nu am trăit. Doar am existat şi eu pe Pământ.

Gândirea pozitivă trebuie să fie urmată de acţiune. Gândirea pozitivă te va scoate din zona de confort. Dacă te vezi în viitor ca om de afaceri prosper şi crezi că poţi deveni aşa cum visezi, vei începe să cauţi soluţii. Cu timpul, vei conştientiza faptul că visul tău se îndepărtează sau chiar dispare, cu cât stai mai mult şi nu faci nimic. Dacă te vezi sărac, aşa devii sau aşa rămâi. Dacă te vezi bogat, vei acţiona, pentru că ţi-ai setat mintea şi direcţia.

Sunt sigur că în viaţa fiecărui om va veni acea clipă în care se va uita în urmă şi va regreta că nu a făcut unele lucruri la timpul potrivit. Nu îţi doresc să ajungi la momentul în care va fi prea târziu pentru orice vis şi, uitându-te înapoi, către trecut, să realizezi că, de fapt, nu ai avut curaj, nu ți-ai asumat riscuri, ai făcut lucrurile așa cum alții își doreau de la tine, ai muncit degeaba, te-ai legat de lucruri și ai pierdut oameni dragi, nu ai schimbat viața nimănui în bine, nu ai împlinit nimic din ce ai fi vrut, cu adevărat, și ai rămas doar cu imaginea omului care ai fi putut deveni.

Dacă rămâi în zona de confort, îți poți pierde încrederea în forțele proprii, personalitatea și chiar pe oamenii din jur, care au aspirații mari. În acest fel, unii au lăsat ca viața să li se transforme într-un iad.

> *Răspândește lumina, iar întunericul se va risipi de la sine.*
> Erasmus

Pentru ieșirea din zona de confort și din rutină:
- fă-ți un plan, scrie-l și păstrează-l într-un loc în care să îl poți vedea în fiecare zi;
- ai încredere în tine și începe chiar și cu pași mici, dar fă câte unul în fiecare zi;
- citește câte ceva despre domeniul spre care vrei să te îndrepți;
- fă sport după un plan clar. Așa te vei menține sănătos și te vei disciplina;
- caută activități noi care să îți facă plăcere, ele te vor „trezi". Îmbrățișează schimbarea;

- renunță la obiceiuri proaste sau inutile;
- cunoaște oameni noi, de preferat cu care să împarți pasiuni comune;
- fii sincer cu tine însuți;
- nu mai căuta scuze, asumă-ți acțiunile din trecut, dar, mai ales, cele ce vor urma;
- scrie pe hârtie beneficiile faptul că ai ales să ieși din zona de confort;
- fă o școală sau un curs, într-un domeniu care te va ajuta în drumul tău cel nou;
- prețuiește timpul;
- concentrează-te pe distracție și pasiuni;
- setează-ți target-uri, astfel încât să îți depășești limitele;
- caută să cunoști oameni noi;
- găsește modalități de auto-motivare;
- folosește timpul.

Singurul eșec real este atunci când te dai bătut înainte de a începe.
Renunță la temeri și începe să trăiești!

Toate comorile pământului
nu pot cumpăra o șansă pierdută.
Amanda Scott

Capitolul 3
La ce să renunți

Îți recomand să renunți la ceea ce nu îți face bine, la ceea ce nu iubești, la ceea ce nu te ajută să crești, ca să poți să-ți construiești viața la care visezi. Eliberează-te de rău ca să faci loc binelui. Cu ghiulele de fier legate de picioare, e greu să cucerești un munte. Lasă-le să se ducă la vale, pentru că ele vor să coboare, apoi vei urca mai repede și drumul va fi plăcut. Asta, dacă chiar vrei să urci, dacă nu... poți să-ți mai legi câteva, ca să cobori mai repede. Ce sunt aceste ghiulele? Sunt oameni care te trag în jos, lenea, gândurile negative, frica, egoismul, invidia, lipsa de educație etc. ...

Se spune că ești media a câtorva persoane care se află, zi de zi, în jurul tău. Sper să stai pe lângă oameni frumoși, care urcă. Dacă nu e așa, renunță la mediul care nu te lasă să urci. Asta e foarte important! Renunță la oamenii care te trag în jos. Cei mai mulți dintre ei sunt atât de nefericiți, încât aproape că se simt vinovați pentru că s-au născut sau, și mai grav, își doresc să nu se fi născut. Percep viața ca pe un chin și țin neapărat să te convingă și pe tine de „realitatea" lor. Fugi! Fugi cât te țin picioarele, înapoi, în lumea ta! Și, de acolo, încearcă să îi ajuți. Oamenii, adesea, au păreri diferite de ale tale sau nu vor ca tu să ai succes. Fie sunt invidioși, fie vor să găsească scuze pentru modul lor de trai și nu pot accepta că tu vei reuși într-o lume în care ei nu au curajul să pășească.

Mai trebuie să înveți să spui „nu". Cunosc oameni cu un suflet minunat, de care alții trag în toate părțile, folosindu-se de bunătatea acestora. Pentru că ei sunt sensibili și buni, nu știu să spună „nu". Dacă ești în această situație, testează-i pe cei care îți cer mereu ajutorul și vezi dacă ei sunt dispuși să facă pentru tine ceea ce faci tu pentru ei. Acum, nu spun că totul se leagă de interese personale și egoism, însă trebuie să știi la ce să renunți, pe ce nu merită să îți irosești energia și timpul. Sunt oameni care chiar nu merită efortul tău.

Renunță la a-ți plânge de milă și la a lua viața așa cum ai primit-o. Învață și descoperă mai multe variante, nu te mulțumi cu ceea ce ai primit, crezând că asta îți este norocul. Mereu sunt mai multe variante, trebuie să înveți să le vezi. Lumea e așa făcută, încât să fie de toate pentru toți. Așa cum nu există animal sălbatic care să nu poată găsi cele necesare vieții lui, așa nu există nici om care să nu găsească cele necesare vieții lui. Dar, precum animalul sălbatic, și omul trebuie să caute.

Renunță la a crede că momentul potrivit nu este acum. Acum este momentul potrivit să reflectezi la întreaga ta existență și la restul vieții tale care începe chiar acum. Începe să îți construiești o viață memorabilă.

Renunță la mitul care spune că oamenii bogați sunt hoți, iar cei săraci sunt cinstiți și fericiți.

Renunță la a face lucruri care să-i impresioneze pe ceilalți. Nu face lucruri de ochii lumii. Ele te vor costa bani, timp, energie și multe altele, iar, la urmă, vei vedea că nu ți-au îmbogățit viața cu nimic.

Renunță la temerile care te țin pe loc. Începe prin conștientizare. În general, te concentrezi pe ceea ce îți dorești într-un mod pozitiv sau te concentrezi pe temerile tale? Să știi că aproape toate temerile tale nu vor deveni realitate dacă nu te gândești la ele. Gândurile negative vin din tot felul de experiențe. Atunci când ajungi să le conștientizezi, înveți să le ignori.

Renunță la a aștepta ceva minunat din exterior. Mai bine gândește-te care sunt cele mai bune lucruri pe care le-ai făcut vreodată, iar, dacă nu ai făcut prea multe, fă tu lucruri minunate pentru cei din jurul tău.

După ce i-am povestit unei rude apropiate unele planuri de afaceri personale, m-am trezit cu următoarea replică:
— Ei, tu vrei să îți vină banii ușor și să fii mare patron? a spus el, cu un aer superior și glumeț.
— Da! Exact asta vreau! i-am replicat, foarte sigur pe mine.
— ????
Nu se aștepta la acest răspuns.
Unii oameni, mai ales după o viață de muncă, fără legătură cu afacerile, nu pot crede că, da, se poate să faci bani prin ceea ce alegi singur. Renunță la a-ți însuși cunoștințele sau convingerile altora, chiar dacă ei ți le împărtășesc cu bună credință. Ai grijă, în drumul tău, indiferent de ceea ce vei alege, vei da de foarte mulți oameni care îți vor spune că nu e bine să faci ceea ce faci.

O familie frumoasă, o afacere profitabilă, o școală înaltă și multe altele se construiesc prin multă muncă, plăcută, de altfel. Cei care nu îndrăgesc munca au bucuria drăcească de a-i vedea pe ceilalți jos, tranformându-și astfel starea în una acceptabilă. Nu-i lăsa! Îți vor spune că nu poți urca. Îți vor spune că e greu, că nu vei ajunge, că nu ești suficient de bun de pregătit, de hotărât. Urcă și arată-ți ție că poți, mulți te vor urma. Nu face ca ei, nu-i lăsa jos.

Vrei să schimbi lumea, vrei să ai mai mulți bani, vrei să dezvolți o afacere, vrei să ajuți pe alții, vrei să lași ceva în urma ta, vrei să creezi, vrei să ai o viață după care să rămână amintiri frumoase și momente memorabile, după care apar tot felul de scuze. Începi să spui că nu poți, pentru că: nu ai ajutor, te-ai născut fără noroc, nu ai destul, nu ai cu cine, nu e momentul, nu ai relații, nu... nu... nu... Dar, de fapt, în fața cui te scuzi? Ce le pasă altora că tu vei avea sau nu momente memorabile, zilele de luni fericite sau o afacere prosperă?

Găsind tot felul de scuze, ajungi să nu schimbi lumea, să nu faci mai mulți bani, să nu dezvolți afaceri, să nu ajuți pe alții... să nu... Renunță la scuze și în locul lor găsește motive pentru succes. Renunță la scuze pentru o situație proastă, pentru că ele nu te vor duce niciodată către experiențe pozitive.

Când te simți pierdut, toate merg rău. Când te simți bine, toate îți merg bine. Renunță la gândurile negative și temeri. Ce este, este. Ce nu poți schimba, așa rămâne, oricum. Iar dincolo de norii gândului se află iubire, forță, pasiune, talent etc. Împrăștie norii din mintea ta și vei lumina fiecare loc prin care vei trece.

Nu-ți face griji. Grijile, de multe ori, vin din faptul că nu ești informat. Și, întotdeauna, pe ceea ce te concentrezi cel mai mult crește.

Trăim într-o lume plină de victime. Renunță la a te victimiza sau nu intra în acest joc. Nu poți schimba nici familia din care faci parte, nici mediul în care ai copilărit, nici cerul gri al Londrei. Fă ceea ce poți mai bun, acolo unde ești, cu ceea ce ai, și mergi înainte.

În timp ce îi pândești pe hoți și pe leneși, în grădina ta cresc buruieni. Renunță la a te compara cu ceilalți și la a pierde timpul pentru a urmări acțiunile proaste ale altora. Dacă nu poți să-i ajuți, lasă-i în pace.

Renunță la lene și la activitățile fără sens din viața ta. Renunță la a pierde timp, în general. Fixează-ți priorități, concentrează-te pe ceea ce îți dorești, învață!

Renunță la vicii și comoditate. Începe să faci sport, vei avea nevoie de sănătate.

Renunță la convingerea că le știi pe toate. Acceptă sfaturile celor pe care îi apreciezi sau cei pe care îi alegi drept mentori și învață de la ei.

Renunță la concursuri, orgolii și gelozii copilărești. Ajută-i pe alții să se ridice odată cu tine. Motivația ta cea mai importantă nu trebuie să fie aceea de a întrece pe cineva, ci de a fi fericit și să trăiești fiecare zi, așa cum îți dorești.

Renunță la tot ceea ce nu îți aduce fericire. Pentru că ceea ce faci și nu îți aduce fericire te îndepărtează de la a fi cine ești cu adevărat. Te face chiar să uiți cine ești, să îți pierzi identitatea.

Renunță să mai bârfești persoanele din anturajul tău. E cea mai josnică îndeletnicire.

Renunță la neîncrederea în oameni. Doar pentru că ai trecut prin întâmplări de tot felul, nu înseamnă să trăiești închis într-o carapace. Dintre toți cei din jurul tău, foarte puțini sunt cei care te vor dezamăgi, iar, pentru ei, restul, majoritatea, nu merită lipsa ta de încredere.

Renunță la așteptarea norocului. Norocul este despre pregătire și căutare de oportunități.

Renunță la a da vina pe alții pentru problemele prin care treci. Decât să faci asta, mai bine caută soluții ca să ieși din mijlocul problemelor.

În general, concentrează-te pe lucruri pozitive, ajută-i pe alții să reușească, creează, învață, iartă, respectă, iubește!

Și încă ceva, ca să te apuci de o treabă serioasă și sănătoasă, renunță la grandomanie. Nu arunca banii, mai ales acei bani pe care nu îi ai încă, pentru care ai intrat în datorii, pentru a impresiona lumea. Nu folosi primii bani sau bani împrumutați din bancă pentru a-ți cumpăra mobilă scumpă, pentru birou, sau un spațiu extravagant, mașini de lux sau cine știe ce expresor de cafea. Lasă mofturile pentru mai târziu, ca ele să vină în mod firesc din profiturile companiei tale. Se spune că mașina trebuie să reflecte maximum 10% din averea ta. Eu aș spune că mașina trebuie să reflecte acei bani veniți din profit, de care poți să te lipsești.

Lasă-mă să îți spun o scurtă poveste, un fapt real. Un bărbat de vreo 45 de ani, tata și soț, a pornit o firmă de construcții cu bani împrumutați din bancă, în vreme de vârf economic. Afacerea lui părea să prospere, a ajuns la un număr considerabil de angajați, avea lucrări începute în mai multe zone. Până aici, toate bune și frumoase. Și-a cumpărat un sediu minunat pentru el și personalul din jur, avea niște fotolii din piele foarte scumpe în jurul biroului, plus diverse accesorii, mașini, cheltuieli inutile care, încetul cu încetul, au început să ajungă din urmă profiturile. Iar momentul în care a început regresul firmei a fost atunci când a renunțat la a controla echipa și ignorând mici probleme care apăreau zi de zi, uitând de rolul său vital în bunul mers al lucrurilor. Ce a urmat? După un moment de glorie, din care părea să nu mai poată fi doborât, în loc să investească în active care să aducă profit, a ajuns cu toate bunurile luate de bănci. Până şi apartamentul fetei şi ultima maşină s-au dus pe apa sâmbetei. S-a mutat cu toată familia la țară, cu părinții. E drept, criza financiară a avut un rol foarte mare în acesta cădere. Însă, cel puțin, pagubele catastrofale puteau fi evitate, dacă nu, chiar falimentul, printr-o atitudine serioasă de patron înțelept şi responsabil. Aşadar, caută să cheltui cât mai puțin, mai ales la început. Dacă îți cumperi un spațiu pentru birouri şi îți rămân spații nefolosite, închiriază-le altora. Astfel, vei câştiga bani în plus din chirie şi vei rămâne cu bani în plus prin împărțirea facturilor de întreținere.

Ah, era să uit ceva foarte important. Renunță la oraş şi aglomerație, măcar din când în când. De câte ori poți, întoarce-te la natură. Vei înțelege de ce.
Şi lasă aşteptările societății, prietenilor şi familiei. Trăieşte aşa cum vrei tu, devino liber!

Capitolul 4
Valori, modele și relații

Valorile, principiile, morala și etica țin de educație. Modele găsești peste tot. Oamenii de succes nu sunt ascunși într-un singur loc al lumii. Ei sunt peste tot și de toate felurile.

Dar nu copia și nu te compara, mai ales cu cei care ratează. Învață de la oamenii de succes, care se ghidează după valori asemănătoare cu cele pe care și tu le respecți. Astfel, vei face în așa fel încât lucrurile să se întâmple în felul tău.

Principiile sunt foarte importante. Oamenii care se ghidează după valori solide, în general, duc o viață mai frumoasă. Aceste valori care, urmate cu adevărat, aduc echilibru și mai multă fericire vieții tale. Valori esențiale de care ar fi bine să ai grijă, sunt acestea:
- onestitatea;
- încrederea;
- curajul;

- respectul;
- sănătatea;
- familia și prietenii;
- dragostea.

Luca 16:10-11
10. *Cine este credincios în cele mai mici lucruri este credincios și în cele mari; și cine este nedrept în cele mai mici lucruri este nedrept și în cele mari.*
11. *Deci, dacă n-ați fost credincioși în bogățiile nedrepte, cine vă va încredința adevăratele bogății?*

Alege-ți mentori dintre oamenii care te inspiră sau dintre cei mai onești pe care îi cunoști. Nu te lasa impresionat de măreția falsă a celor care ating succesul pe nedrept. Ei se bucură de un succes fals și trecător. Multe firme de „succes" au căzut odată cu un partid politic sau cu un politician. Atenția ta trebuie să fie canalizată doar către afacerile curate și cinstite. În viitor, după ce vei dezvolta ceva și vei înainta pe drumul ales, vei avea nevoie de liniște. Dacă vrei metode de a face bani repede și prin metode necinstite, nu ai ales bine această carte.

După cum spuneam, nu toți cei ce pare că sunt încununați de succes se bazează pe niște principii sănătoase, iar acel succes este unul fals și nu ține foarte mult timp. În plus, este plătit foarte scump. Existanța „firmelor căpușă" era necesară celor care doreau sau, în continuare, își doresc să spele bani.

Cum crezi că un om, care nu are nicio treabă cu afacerile, a deschis o firmă care merge extraordinar de bine, din prima. Ceea ce nu știi este faptul că el este acolo doar ca să filtreze mărfuri, servicii, iar banii vin de undeva de mai sus și se întorc tot în acea direcție. Trebuie să înveți să te prinzi singur dacă succesul unui om se datorează lui însuși sau altora. De ce e bine să știi așa ceva? Pentru a nu fi atras în jocuri periculoase. Nu uita faptul că mărul putred strică și pe cele bune.

Oameni, ca model...

Zgârcenia bogaților este o chestie neînțeleasă. Ei nu au nevoie de un bănuț ca monedă în sine, însă prețuiesc banul, în general. Ei și-au creat un mod de viață pe care cei săraci nu îl înțeleg. Dacă nu te uiți la un bănuț, nu te uiți nici la faptul că ai 8 mașini în firmă, dar e nevoie doar de 6. Nu te uiți la faptul că angajații fumează 20 de țigări în 8 ore, la muncă, ceea ce înseamnă mai bine de o oră pierdută, de fiecare, zilnic. Dacă ai zece angajați, în acest caz se pierd mai bine de 10 ore pe zi. Asta înseamnă că un angajat nu muncește deloc, chiar mai mult de un angajat. Desigur, nu cred că e bine să induci niște reguli atât de stricte în firma ta. Oamenii trebuie să se simtă bine la muncă. Însă vreau să îți explic modul în care gândește un om care a făcut bani, plecând de jos. Ca un „defect profesional", el socoteşte fiecare bănuţ şi, la final, îi rezultă o sumă uriaşă. Cei bogaţi şi cu „mâna largă" nu prea au făcut bani de la zero. Mai degrabă, i-au moştenit.

Ca exemplu, am văzut nu o dată, la câte un magazin alimentar, câte un om înaintea mea, pe care, la primirea restului îl bufnea râsul spunând: „Lasă aşa!" sau „Păstrează restul!" Din acel moment, ştiam că este un om sărac.

Aşadar, să nu râzi de omul bogat care se apleacă după un bănuţ pe care îl vede pierdut pe stradă. Asta este un mod de viaţă. Omul bogat nu s-a îmbogăţit din câţiva bănuţi găsiţi pe jos, dar s-a îmbogăţit prin această atitudine. A cumpărat produse bune şi cât mai ieftine, a angajat oameni cât mai buni pe salarii nu prea mari, a cumpărat spaţiu de birouri ieftin sau clădiri ieftine, ca să poată dezvolta o firmă profitabilă şi durabilă, pornind de jos. Dacă eşti „mână largă" cu bani puţini, eşti „mâna largă" tot timpul. Cei ce dezvoltă o afacere profitabilă pornind de jos, niciodată nu aruncă banii pe fereastră.

E bine să fii atent cu banii mărunţi, dar nu îţi pierde concentrarea pe afacerile mari şi pe termen lung. Un director a peste 2000 de oameni mi-a spus în vremea când eu eram şef peste 150 de oameni: „Nu ajuta muncitorii, pentru că, ajutând unul, pierzi din ochi 150. Trebuie să vezi fabrica în ansamblu". Aşa e şi în afaceri. Trebuie să vezi toată poza, nu să te împiedici de amănunte. Ca, nu cumva, să rămâi printre ele. Afacerea ta trebuie construită în așa fel încât să funcționeze și fără tine, dacă urmărești libertatea. Altfel, vei fi sclavul propriei invenții.

Caută învingători și urmează-le principiile. Învingătorii găsesc mereu soluții. Învingătorii în afaceri găsesc bani pentru investiții, atrag oameni în joc și se distrează. Și tot ei, învingătorii în afaceri, folosesc de foarte multe ori banii altora. Și tot ei, învingătorii, creează locuri de muncă!

Acțiunile tale vor fi afectate de sfaturile la care pleci urechea. Părerile celor care nu curajul să facă mare lucru în viață vor fi mereu contrare cu ceea ce vrei tu să faci, dacă ești îndrăzneț. Unii, dacă stai într-un apartament cu două camere, vor spune că o duci bine și că ai tot ce îți dorești. Alții vor spune că nu ai făcut destul și te mulțumești cu puțin. Dacă nu știi ce vrei cu adevărat, le vei da ascultare, la nimereală.

Pe urmă, mai sunt oameni pe care vrei să-i impresionezi. Se întâmplă și asta. Ei sunt, în general, oameni pe care îi admiri. Dacă i-ai cunoște mai bine, ți-ai da seama de faptul că sunt oameni simpli și au și ei problemle lor, nepăsându-le neapărat de ceea ce faci tu. Desigur, poți fi apreciat, însă nimănui nu îi pasă cu adevărat de ceea ce faci, în afară de familia ta și de cei apropiați. Așa că nu pune atât de mult preț pe ceea ce crezi tu că vor crede ceilalți. Nu contează atât de mult.

Un om lipsit de succes, atunci când el este sănătos fizic și psihic, are, în general, următoarele caracteristici: leneș, ignorant, EGO puternic, frustrat, plictisitor, nehotărât, iresponsabil, grăbit etc. Gândește-te la un om pe care crezi că îl poți alege ca model, ca exemplu de urmat în mai multe privințe și găsește la el calități pe care le apreciezi.

Iată câteva caracteristici ale oamenilor pe care eu îi respect și îi aleg drept modele: sunt entuziaști, amuzanți, gândesc înainte să vorbească, sociabili, iertători, inovatori, creativi, deciși, productivi, puternici, organizați, onești, respectuoși, responsabili, diplomați, răbdători, calmi etc. Acum, haide să vedem ce ne lipsește nouă pentru a fi la fel. Dacă iau fiecare însușire în parte, îmi dau seama că nu îmi lipsește nimic ca să fiu asemenea celor pe care îi apreciez. Pot să fiu amuzant, pot să gândesc înainte să vorbesc, sunt creativ, am învățat să fiu puternic, sunt calm ș.a.m.d. Nici vouă nu vă lipsește nimic să fiți chiar mai buni decât cei pe care îi admirați. Oamenii de succes nu sunt mai frumoși decât cei lipsiți de succes, nu sunt mai sănătoși, nu trăiesc într-un loc anume, nu au neapărat talent mai mult decât cei care nu au succes. Ci fac lucrurile într-un mod diferit.

Orice model vei urma, nu te mulțumi să-l ajungi din urmă. Calea ta e alta, iar scopul tău este ca să fii tu însuți fericit. Nu trebuie să ajungi pe alții din urmă sau să îi întreci, ci să ajungi acolo unde vrei tu, pentru tine.

Încearcă să apreciezi, cât de mult, oamenii modești. Cei care nu se laudă, cei care nu sunt aroganți, cei care nu fac lucrurile de ochii lumii. Ei te vor învăța ceea ce trebuie să știi pe mai departe.

Dacă cei de lângă tine sunt săraci sau lipsiți de succes, evident că e mai înțelept să nu le urmezi calea și sfaturile pe plan financiar. Știu că acest îndemn sună destul de ciudat sau dur, mai ales când vine vorba de oameni dragi, care au intenții foarte bune în ceea ce te privește. Însă, dacă urmezi calea lor, aceasta te va duce unde i-a dus și pe ei. Cei săraci, de obicei, sunt ferm convinși că banii atrag relele și că sunt foarte greu de produs, că fără noroc nu se poate ajunge la succes. Ei mai cred că fără bani nu poți să faci bani sau că, dacă te-ai născut sărac, așa o să rămâi. Totodată, ei sunt convinși de faptul că suma din contul tău are legătură cu școala terminată și profesia aleasă, cu economia națională sau relațiile, furtul și treburile necurate. Eu spun să urmezi calea sau sfaturile celor care nu își asumă riscuri prostești, care au ajuns la succes pornind de jos, care fac atâția bani de câți au nevoie, își asumă responsabilități, învață mereu, investesc, își construiesc viața, gândesc la nivel mare și pe termen lung, sunt pozitivi și știu să pună banii să muncească pentru ei.

> *Unii oameni apar în viața ta ca o binecuvântare, alții, ca o lecție.*
> Maica Tereza

Construiește legături. Orice om pe care îl cunoști se adaugă grupului de oameni care te pot ajuta sau pe care îi poți ajuta, la un moment dat. Și, până atunci, vă distrați împreună.

Cum îți faci prieteni noi cu care să împărtășești aceleași idealuri?

Înainte de sărbători, am ales pentru o vreme să țin un regim vegan. Este o dietă, un stil de viață, care exclude consumul produselor de origine animală. A fost foarte interesant. Când am intrat în supermarketul de la care îmi fac de obicei cumpărăturile, ca să-mi cumpăr pentru prima oară produse pentru dieta vegană, parcă am pășit acolo pentru prima oară. Am descoperit foarte multe produse, pe care, înainte, nici nu le-am văzut vreodată, deși ele erau acolo tot timpul. Fructul pasiunii (ciudat), lapte de cocos, sos de busuioc etc. Lăsând asta la o parte, am mai descoperit un lucru interesant. Am descoperit că există o comunitate întreagă de vegani, chiar restaurante pe această temă, grupuri online. Dacă vrei să îți faci prieteni cu care să ai subiecte noi de discuții, fă lucruri noi. Îndrăznește și încearcă, mai ales pentru că nu ai decât de învățat din toată treaba asta. Și, poate, chiar găsești lucruri care să îți schimbe existența în bine.

Intră cu gânduri bune în politică. Acolo vei găsi oameni capabili și influenți. Nu e nimic rău în a-ți face prieteni în acel mediu, atât timp cât te apropii de cei buni și, pe lângă planurile tale, dorești binele comunității din care faci parte.

Nu poate să îți fie bine, dacă toți cei din jurul tău sunt căzuți la pământ. Ajută-i prin orice metode corecte, iar această facere de bine se va întoarce, cu siguranță.

Găsește-ți prieteni prin sport (sală, aerobic, jogging, înot, yoga), hobby-uri (dansuri, fotografie), online (grupuri axate pe diverse teme interesante), evenimente sociale etc.

Fă acte de caritate. Nu avem nevoie de cineva doar când ne e greu, ci avem nevoie unii de alții, pentru că suntem construiți în acest fel. Trebuie să învățăm și să ne bucurăm împreună de experiențele vieții. Ajută-i pe cei aflați în nevoie.

Și fugi de oamenii care nu își respectă cuvântul. E plină lumea de tot felul de oameni, înconjoară-te de profesioniști.

Când eram copil și locuiam în Săvârșin, județul Arad, mă fascinau trenurile și, deseori, dădeam câte o raită la gară, să le văd. Impiegatul anunța câte un tren, prin difuzoarele care răsunau până departe: „Trenul accelerat, o mie șaptesute șaizeci și șapte, de la Timișoara, cu direcția Ilia, Simeria, Șibot, Alba-Iulia, Teiuș, Aiud, Războieni, Cluj-Napoca, Vatra Dornei,

Câmpulung Moldovenesc, Vamă, Gura Humorului, Suceava, Pașcani, Iași... sosește în stație, la linia trei. Atenție, linia trei!" La auzul acestor cuvinte, în mintea mea de copil, sărăcuță în cunoștințe, îmi imaginam acel tren accelerat ca fiind un fel de trans-siberian. Mai târziu, am aflat că era poreclit „foamea". Însă, atunci când își făcea aparția, cu sunetul asurzitor al trompetelor electrice, motoare, zeci de frâne și roți, atât de mare cum era, parcă rupea pământul. Îmi imaginam orașe imense prin care va trece: Șibot, Teiuș, Vatra Dornei. Mă întrebam „Cum o arăta Vatra Dornei, ce-o fi acolo?" Era o mare necunoscută pentru mine, la acea vreme. Îmi imaginam locurile după nume. Nici acum, după ce am fost în Teiuș, nu pot să despart acest nume de șuieratul trenurilor. Sighet îmi părea un oraș foarte îndepărtat. Îi asociam numele cu zăpezile, Polul Nord, Moș Crăciun și oboseala mecanicilor de locomotivă.

Între timp, am cunoscut oameni din aproape toate aceste localități, unii dintre ei devenindu-mi prieteni foarte dragi. Lumea e largă, nu te limita la locul în care trăiești, fă-ți prieteni peste tot.

Când am ajuns la liceu, în Timișoara, după Săvârșin, parcă aș fi ajuns într-o metropolă. Din cartierul Circumvalațiunii până în Piața Rozelor, pe jos, am făcut o eternitate. Acum sunt în Londra, iar Timișoara mi se pare a fi un orășel. Viața merge înainte, noi ne schimbăm, ne adaptăm, învățăm.

Orice ai face, creezi și, mai apoi, vei fi nevoit să trăiești în lumea creată de tine. Alege să petreci timp cu oameni care te inspiră, în locuri care te inspiră.

Fă o petrecere și invită oameni influenți să ia parte, invită reporteri și jurnaliști. Nu e nicio rușine să ai sau să îți faci cunoștințe în mai multe arii, atât timp cât nu faci rău folosindu-te de ele.

Caută ajutor. Caută oameni sau instituții care te pot ajuta în drumul tău sau sunt create special pentru asta. Ei și ele există, însă nu vor veni să te caute, aceasta este datoria ta. Dacă nu îmi spui gândul tău, n-am cum să te ajut, deși poate că aș putea face asta. Nu poți aștepta în tăcere, nu poți aștepta ca oamenii să îți citească gândurile.

După ce îți recunoști valorile care te vor ține mereu în lumină, găsești modele în jurul tău și începe să îți solidifici relațiile, începe și setează-ți mintea către educație. Nu poți să pornești la drum fără să știi încotro te îndrepți.

Capitolul 5
Învaţă!

*Investiţia în cunoaştere
are cea mai mare dobândă.*
Benjamin Franklin

Învăţătura îţi aduce încredere în forţele proprii. Cu cât cunoşti mai bine ceea ce faci, cu atât poţi lua decizii mai bune şi poţi înţelege ceea ce e rău şi ceea ce e bine. Dar asta cere timp. Trebuie să îţi oferi timp şi energie ca să primeşti ceea ce doreşti.

Ca să devii medic, trebuie să înveţi nu doar 6 ani, cât durează şcoala, ci încă foarte mulţi ani după. Unde mai pui faptul că, după ce un doctor învaţă şi se specializează, medicina evoluează, aparatura se schimbă, modul în care se practică medicina se schimbă, apar medicamente noi. Apoi, ca să devii profesor, trebuie să înveţi, ca să devii electrician, sudor, şofer, trebuie să înveţi. Cu cât activitatea pe care vrei să o desfăşori cu succes este mai grea, cu atât ai de învăţat mai mult.

Crezi că afacerile se fac fără învățătură? Greșit! Cei care fac afaceri profitabile fără să învețe sunt cazuri speciale sau oameni care riscă foarte mult. Ca să devii investitor, trebuie să înveți. Nu poți merge la risc, mai ales atunci când nu îți permiți să riști.

Dacă n-ai văzut în viața ta un cal și vezi pe cer un nor în formă de cal, de fapt, vezi un simplu nor. Dacă ești orb și atingi un bulgăre din aur, o să crezi că e o piatră. Învață, ca să înțelegi ceea ce vezi, ca să înțelegi ceea ce auzi, ca să distingi aurul de pietre.

Învață despre vânzări, contabiliate, website-uri, marketing etc. Trebuie să știi câte ceva din tot ceea ce vor face angajații tăi.

Unii cred că va fi mai ușor, mai târziu, după ce se vor aranja toate cele din jur, dar, dacă privești clar, mereu târziu e mai greu sau chiar imposibil. Momentul perfect nu există. Învață acum ceea ce trebuie să știi pentru mai târziu.

Să știți: cine seamănă puțin, puțin va secera;
iar cine seamănă mult, mult va secera.
2 Corinteni 9:6:

Nu poți să te cunoști fără autoeducare, așa cum nu cunoști pământul fără a-l înconjura sau fără a învăța foarte multe despre el. Dacă nu aş fi văzut globul pământesc sub diferite forme şi nimeni nu mi-ar fi spus că Pământul este rotund, probabil că nu m-aş fi apucat de astrologie ca să descopăr eu minunea. Şi, dacă m-aş fi apucat, aş fi pierdut atât de mult timp pentru o lecţie pe care, acum, o pot învăţa atât de uşor din cărţile existente deja.

Învaţă din cărţi, învaţă de la oameni competenţi, învaţă din cursuri gratuite sau plătite, învaţă din cărţile religioase, învaţă de unde vrei tu. Cunoaşterea te va face să fii mai tolerant, mai modest, mai bun.

Învaţă prin experienţa proprie. Una dintre metode este să munceşti gratuit. Dacă nu ai făcut asta până acum, habar nu ai cât de multe poţi învăţa astfel. Pune întrebări, caută un mentor, fă-ţi prieteni de la care să înveţi, caută oamenii potriviţi, pricepuţi în domeniul de care eşti interesat. Răsplata este mult mai valoroasă decât banii în sine.

Învaţă cu ajutorul internetului. Google este la majorat, iar oamenii încă nu îl folosesc.

Într-una din zile, în centrul Londrei, aşteptam pe cineva, iar lângă mine a oprit la semafor un autobuz plin cu tineri cam la vârsta studenţiei. O doamnă vorbea la microfon, în faţă, lângă şofer. Pe semne că era ghidul grupului. Am rămas uimit în momentul în care autobuzul a trecut pe lângă mine şi am văzut cum toți tinerii butonau telefoanele mobile, nici măcar unul nu privea pe fereastră. Autocarul avea numere străine, turiștii, probabil, se aflau pentru prima oară în Anglia, în centrul Londrei. Acum, câți oameni utilizează internetul la adevărata lui valoare? Cei mai mulți își irosesc timpul cu paginile de socializare, pierzând, iată, imagini și întâmplări reale din imediata apropiere. Folosește internetul, dar nu deveni scavul lui! Apoi, impozite și plăți online, comunicarea etc. ... învață să folosești uneltele secolului 21, câștigând timp și energie.

Învață despre mediul online. În zilele noastre, prezența online este obligatorie.

Ca un mic ajutor, atunci când cauți o informație online, s-ar putea să găsești păreri diferite. Nu te costă decât foarte puțin timp să cauți sursa potrivită care să îți ofere un răspuns. Trimite un e-mail și așteaptă un răspuns corect și de actualitate.

Trebuie să iei lucrurile în serios și să înveți despre ceea ce ai nevoie. Dacă vrei să sări cu parașuta, nu e destul să îți faci rost de o parașută. Trebuie să înveți despre asta, pentru siguranța ta. Trebuie să citești despre asta, să înveți de la alții și să le urmărești mișcările, să îți faci un plan ca să știi de unde pornești și unde vrei să ajungi și cum. Chiar dacă săritul cu parașuta e o distracție, trebuie să o iei foarte în serios. În afaceri e la fel.

Cu cât vei cunoaște mai multe, cu atât îți vei calcula mai bine riscurile, iar ele se vor diminua până când aproape că vor dispărea. Oricând se pot întâmpla lucruri neașteptate. Atunci când mai ai și alți oameni care depind de afacerea ta, trebuie să fii mereu pregătit.

> *Un om deștept poate să învețe*
> *și de la un prost. Invers e mai greu.*
> François Rabelais

Păstrează-ți mintea deschisă. Dacă nu știi despre unele lucruri, nu înseamnă că ele nu există. Fii receptiv la noutăți și deschis la învățătură.

Învață despre partea legală. Află despre legi, acte, instituții, reguli, contabilitate. Nu este suficient să cauți oameni pentru asta. Dacă nu știi nimic despre ceea ce fac ei, cum poți alege unul bun? Cunoscând legile, poți să eviți anumite plăți sau poți să scapi de tot felul de acte în plus, în limitele legii. Dacă nu cunoști legea, nu poți să-ți exerciți drepturile.

Trebuie să înveți și de la cei care au trecut prin experiențe legate de domeniul ales de tine. În viața reală, unele calcule matematice nu se potrivesc, uneori, există reduceri de preț, alteori, ești forțat să cumperi produse mai scumpe, pentru că te grăbeşti. Uneori, 1+1 nu e egal cu 2.

Şi nu uita, cărțile nu te pot ajuta, dacă nu le citeşti.

Dezvoltă-ți abilitățile de afaceri, dar ai grijă să nu rămâi la acest nivel. Fixează-ți termene. Altfel, s-ar putea să tot citeşti ani la rând, dar să nu transformi nicio idee în realitate. Construieşte-ți un spațiu al tău în care să poți învăța şi să poți lucra, un birou.
Nu trebuie să îți fie ruşine cu eşecurile tale, învață din ele şi mergi înainte.

Probabil că te-am zăpăcit cu atâtea îndemnuri de a învăța, dar în această carte nu vorbim despre transformarea ta într-un vânzător în piață, ci despre transformarea ta într-un profesionist al afacerilor.

*Fii devotat lucrurilor mărunte, căci în ele
stă puterea ta.*
Maica Tereza

Ziua asta a trecut. Fie că noi toți am învățat ceva, fie că am lenevit. Nu e cazul la tine, tocmai ai încheiat un capitol important.

Capitolul 6
Fă alegeri înţelepte

*Lumea a început printr-o negustorie,
deoarece Adam a vândut Raiul pe un măr.
N-a fost o afacere prea grozavă, zău că nu!*
Honoré de Balzac

Ca să poţi derula o afacere profitabilă, trebuie să stăpâneşti foarte bine înţelesul acestor două cuvinte: *venituri* şi *cheltuieli*.

Venit: sumă de bani care revine unei persoane sau firme dintr-o activitate prestată sau din proprietatea deţinută, într-o perioadă de timp; câştig, beneficiu. (DEX)

Are rost să îţi spun şi ce înseamnă „cheltuială"? Are! Atunci când îţi cumperi gresie din cea mai scumpă şi o cadă cu hidromasaj pentru baia casei în care locuieşti, faci o cheltuială. Nicidecum o investiţie, cum s-ar putea ca tu să fi crezut până acum. Cheltuielile fac parte din viaţa de zi cu zi şi toată lumea este familiarizată cu ele. Veniturile însă sunt ceva mai greu de realizat. Veniturile vin în general din muncă sau din afaceri care generează bani. Acestea sunt „activele" tale. Cu cât ai mai multe, cu atât veniturile tale sunt mai mari și mai sigure.

Activele pot fi proprietăți imobiliare cumpărate pentru a fi închiriate altor persoane fizice sau juridice. Banii proveniți lunar din active sunt ceea ce înseamnă venit pasiv. Adică, fără muncă. Activele mai pot fi și proprietățile intelectuale, afacerile de orice fel, chiar și educația personală în care investești este oarecum tot un activ. Iar pasivele sunt cele care îți consumă banii. Mașina, casa în care locuiești, vila nefolosită, de la munte, și, în unele cazuri, ca să fac și o glumă, partenerul de viață.

Dacă ajungi să cunoști mai bine domeniul în care dorești să investești, o să ajungi să descoperi care parte este investiție și care, speculație.

De exemplu, în afacerile imobiliare, speculație este atunci când cumperi un apartament în ideea de a-l vinde mai scump, peste o vreme, și îl cumperi la prețul pieței, în speranța că acesta va crește. Investiție însă este atunci când știi că în vecinătatea acelui bloc se va deschide un centru comercial important sau atunci când îl cumperi cu 75% din prețul pieței. Adică, 25% câștigi deja la cumpărare, apoi câștigi din închiriere, apoi îl poți vinde la un preț de cel puțin 100%. Trebuie să faci diferența între acești termeni, active și pasive, investiții și speculații, ca să poți face afaceri profitabile bazate pe date concrete. Nu este suficient să fii om de afaceri, trebuie să fii un om de afaceri înțelept.

==Atunci când îți cresc cheltuielile (apare un copil, te muți într-o casă mai mare, îți cumperi o mașină mai bună etc.), nu te concentra atât pe economisire, cât pe a produce mai mult. Degeaba te tot întrebi de unde să mai tai, consumându-ți astfel energia. Mai bine pune-ți mintea la treabă și produ banii de care ai nevoie.== Dacă îți dorești o cabană la munte, cumpără una la un preț cu cel puțin 25% mai mic decât nivelul pieței. Apoi, caută un om de afaceri local, în acea stațiune montană. Oferă-i cheia de la cabană și cere-i o chirie lunară pentru cabana ta, atât încât ea să se plătească singură, în 10 ani. Omul de afaceri va găsi turiști pentru cazare, dar asta nu te interesează pe tine. Tu poți să folosești cabana două luni pe an. Asta e o idee pentru cabanele mai ieftine de la munte, pentru cei care nu vor să cumpere cabană și să devină cabanieri.

Când cumperi casa pentru tine, tot activ trebuie să fie. Îi crești valoarea sau o cumperi sub prețul pieței. Chiar dacă e un apartament sau o garsonieră. Nu îți pierde din minte faptul că ești un om de afaceri și în timpul liber. Atunci când mergi să cumperi casa în care vei locui, pe lângă alegerea zonei, a designului, a mobilei, nu uita de momentul în care va trebui să o vinzi, în caz că acest lucru se va întâmpla. Reține și acest aspect, atât la cumpărare, cât și în momentul în care vrei să faci modificări interioare și tot felul de cheltuieli.

Revenind la afaceri și alegeri, contează mult să începi, dar contează și mai mult să termini sau să duci la un punct prestabilit ceea ce începi.
Contează mult să începi o facultate, dar și mai mult contează să o termini. Contează mult să te apuci de alergat, dar contează și mai mult să faci asta în fiecare săptămână și peste 20 de săptămâni.

Caută oameni deja pregătiți în domeniul spre care pornești. De exemplu, dacă ai nevoie de un website, învață tot ce poți despre asta, dar, dacă vrei să îl facă cineva, apelează la un profesionist. Sau, dacă ai scris o carte și ai nevoie de corectură, apelează la un profesionist. Am învățat asta din experiența personală. În final, pentru o treabă făcută bine, vei ajunge inevitabil la profesioniști. Dacă nu îi vei căuta de la început, vei plăti același serviciu de două ori. Dacă vrei să faci un lucru bine, fă-l bine de la început.
Iată și un exemplu simplu: într-unul din apartamentele în care locuiesc chiriași, s-a stricat centrala termică. Eu fiind plecat din țară, pentru mai mult timp, am rugat chiriașii să caute un meseriaș care să

o repare, apoi să îl plătească, scăzând acea sumă de bani din chiria ce urma să mi-o plătească pentru luna următoare. Reparațiile de acest gen mi le asum, ca proprietar. Zis și făcut. Reparația a fost făcută de o cunoștință a familiei chiriașilor, un instalator, după programul lui de lucru, cu mențiunea „am făcut tot ce am putut, cât ține, ține". A costat 100 de lei. Mai bine spus, m-a costat 100 de lei. După două săptămâni, defectul a apărut din nou. Le-am spus să cheme pe altcineva, de la o firmă. Centrala termică fiind una mai specială, nu au găsit o firmă care să rezolve problema, dar au găsit un alt meseriaș. A mai costat 80 de lei, centrala funcționând încă vreo câteva zile doar. Era o problemă de apă caldă, un senzor. În final, am sunat la reprezentanța firmei care a fabricat aceste centrale, cu sediul în București. Mi-au spus că au oameni în fiecare județ și vor trimite a doua zi pe cineva care să repare centrala, după ce le-am explicat problema și efectul ei. A doua zi, centrala termică a fost reparată de către profesioniști pe acel model, piesa defectă nu a fost curățată, ci schimbată cu una nouă, au eliberat o factură, au oferit garanție pe lucrare, iar prețul, cât crezi că a fost? 120 de lei. Frate, nu te gândi că salvezi bani apelând la meseriașii de „după program". Apelează la profesioniști care își asumă responsabilitatea. Rezolvi mai repede ceea ce trebuie rezolvat, salvezi bani, ai garanție și reduci stresul.

O alegere înțeleaptă este aceea de a fi organizat. Dezorganizarea cauzează o grămadă de stres, din mai multe motive. Unul este acela că, nefiind organizat, uiți. Uiți să plătești facturi, uiți să suni parteneri, uiți să trimiți emailuri, uiți să mergi la o întâlnire. O afacere nu se conduce în felul acesta. Un alt motiv pentru care dezorganizarea cauzează stres, este acela că, neștiind câte ai de făcut, neavând un tabel clar al treburilor de rezolvat, ele par a fi mult mai multe decât sunt. Dezorganizarea se transformă în dezordine, care obosește mintea și așa mai departe, urmează un întreg lanț de probleme amplificate printr-o atitudine dezorganizată. Și, în partea opusă, organizarea îți îmbunătățește considerabil viața în general, îți limpezește gândirea și te scapă de mult stres.

Tot alegere înțeleaptă este să îți folosești talentul sau talentele. Cu toți avem înclinații spre îndeletniciri sau activități care ne devin pasiuni și la care ne pricepem mai bine decât mulți alții. Ei bine, ele trebuiesc folosite. Dacă toți oamenii le-ar folosi, am trăi într-o lume mai bună. Ideea este să nu lași pasiunea ta ca activitate de weekend, ci caută să o tranformi în activitatea care să îți aducă zile frumoase și, totodată, bani. Nicăieri nu vei da un randament mai bun, decât în acel loc care te va face să te trezești cu drag dimineața, ca să ajungi acolo, cu zâmbetul pe buze.

În timp ce mulți oameni se ceartă în privința unui politician – dacă fură, cât fură – sau dacă vin sinistrați, de unde vin, unde se duc etc. ... nu realizează că nu mai găsesc timp nici să ajute, nici să se ajute pe ei. Așteptând știrile de la televizor, nu mai au timp și mintea limpede pentru dragoste, pentru oameni, pentru pasiuni. În acel timp, alții tac și fac. Dacă ești atent tot timpul la cine pe unde fură mai mult sau care ce face și pe unde, nu mai găsești timp nici să ajuți, nici să te ajuți. Nu mai ai timp de oamenii dragi, de natură, de visul tău. Te pierzi într-o lume care nu e a ta. Ce nu înțeleg eu este asta: dacă unora le pasă atât de mult de ceea ce fac alții, dacă pierd ore în fața televizorului ca să afle ce se întâmplă în afara mediului lor, totuși atunci când merg pe stradă și întâlnesc un om flămând și bolnav, de ce trec nepăsători?

Televizorul, bârfele și lenea îi îndepărtează pe oameni de succes. Aceștia se concetrează pe nimicuri și pierd din vedere imaginea de ansamblu. Au mintea ocupată, sunt ușor de manipulat, sunt dependenți și vulnerabili.

Alege să iei decizii și să îți asumi responsabilitatea pentru ele, fii matur în gândire, cunoaște-ți obligațiile și respectă-ți promisiunile. În felul acesta, nu se poate să dai greș, dacă ai răbdare. Răbdarea nu este plăcută, însă rezultatele sunt foarte prețioase atunci când ai răbdare.

Pensia, intra tot în capitolul „Alegeri înțelepte". Dacă ai suficiente venituri și plătești la stat taxe pentru pensie, e bine. Însă acea pensie nu știu dacă îți va acoperi nevoile. Pensie privată? Nu! Eu nu aș pune niciodată banii mei într-o pensie privată, bani la care să nu am acces total. În plus, habar nu am ce o să întâmple cu firma respectivă peste zeci de ani. Prefer să investesc banii mei în proprietăți imobiliare, care vor aduce bani din chirii și pentru pensie. Dacă ai prea mulți bani, investește în bijuterii, opere de artă, terenuri etc. Le vei putea valorifica la bătrânețe și sunt depozite pentru banii tăi, mult mai sigure decât firmele de pensii. Părerea mea.

Fă alegeri înțelepte și schimbă lumea în mai bine. Cred că împreună putem schimba lumea, dar nu prin luptă, ci prin fapte curate. Prin gesturi mărunte, gesturi simple și sincere, care, ca o undă de bunătate, vor spăla lumea de răutăți. Fii și tu o picătură din acest val uriaș...

Iată, în câteva rânduri, o concluzie despre câțiva ani din viața mea.

Și anume, în puținii ani de maturitate în care m-am simțit cel mai protejat, cel mai în siguranță, cel mai confortabil, uitându-mă înapoi, realizez faptul că atunci am evoluat cel mai puțin, am trăit cel mai puțin, am simțit cel mai puțin și nu am construit aproape nimic.

Iar în anii în care mi-a fost cel mai greu, în anii de incertitudine din viața mea, în anii de schimbări majore, m-am dezvoltat cel mai mult, am trăit cel mai mult, am simțit cel mai mult, am învățat mai mult decât aș fi crezut că pot, am construit cel mai mult. Astfel, „greu" nu înseamnă „rău".

Acum, caut să-mi folosesc timpul și resursele din plin ca să pot să construiesc mai mult. Pentru că a devenit distractiv. Și nu vreau ca, mai târziu, să regret că mi-am irosit anii și puterea. Fac tot ce pot. Un trai plin de scuze nu folosește nimănui, nici mie, nici ție, nici celorlalți. Nu ne-am născut ca să ne plângem de milă, ci ne-am născut ca să învingem!

Fă lucrurile să se întâmple astfel încât să iubești ziua de luni. Urmează-ți visul!

Capitolul 7
Țeluri și viziune

Dacă vrei să trăiești o viață monotonă, pune-ți ținte ușoare și vei face pași mărunți. Dacă vrei să trăiești o viață cu urcușuri și coborâșuri, cu împliniri și treburi multe și tot felul de experiențe demne de povestit nepoților, atunci țintește departe.

Iisus a spus: *Căci adevărat vă spun vouă că cel ce va zice muntelui acestuia, ridică-te și te aruncă în mare, și nu se va îndoi în inima lui, ci va crede că ceea ce zice se va face, orice va zice el se va face. De aceea vă spun vouă: toate câte cereți când vă rugați, să credeți că le-ați și primit, și le veți avea.*
Marcu 11:23

Cei care nu cred că își pot împlini visul, nu-l vor împlini niciodată. Logic. E ca și când privesc un vârf de munte, apoi, în sinea mea, îmi spun că nu pot să îl urc. Rezultatul este acela că nici măcar nu voi încerca, pentru că, oricum, nu cred că pot ajunge acolo. Dacă mă trag alții după ei și la fiecare sută de metri trebuie să mă îmbărbăteze, atunci drumul nu mai este plăcut, astfel, nu merită efortul. Când însă cred că pot să urc și îmi spun că voi face asta cu orice preț, șansele sunt maxime ca să izbândesc, în plus, drumul este plăcut. Plăcerea drumului este cheia fericirii, atât într-o relație, în sport, în artă, cât și într-o afacere și altele. Dacă fericirea ar dura doar pe timpul festivității de premiere a unui sportiv olimpic, ce s-ar spune despre anii de muncă, despre pasiune, despre dăruire? Ar merita efortul atâtor ani pentru o zi de fericire? Nu! Dar fericirea nu durează o zi, ci toți acei ani, apoi, dăinuiește prin amintiri minunate și în alte activități plăcute. Acel sportiv însă a crezut, din prima zi, în visul de a deveni campion.

Ca temerile să te țină departe de visul tău, departe de scopul tău, departe de rostul tău, mi se pare irosire de viață!

Știi cum? E ca și cum ai primi o oră de viață și un munte în fața ta. Atât. În rest, e nimic. Pe urmă, dacă urci sau nu urci, ora trece oricum.

Iar tu, fie rămâi pe loc sau te învârți în cerc, spunâdu-ți că s-ar putea să pățești ceva pe drum în sus, fie, o iei din loc și urci, și urci, și urci, și devii de neoprit.

Mai e nevoie și de un plan. Dar un plan, oricât de bun ar fi, dacă nu este pus în practică, devine inutil. Un plan, chiar nefiind cel mai bun, dar pus în practică, devine mai bun decât cel foarte bun, amânat la nesfârșit.

    Dacă vreau să scriu o carte și îmi spun că vreau să o termin într-un an, probabil că nu o voi mai scrie deloc. Dacă vreau să scriu o carte, trebuie să acționez, dar, înainte de asta, îmi setez niște limite mai simple, dar pentru un viitor aproapiat. Exemplu: „Săptămâna viitoare trebuie să scriu o oră pe zi. Așa, poate că o să termin cartea în jumătate de an. Dacă nu am timp mâine pentru scris, scriu poimâine, două ore". Așadar, planul trebuie să fie general, apoi, pe fiecare punct, trebuie să îți setezi un program clar. Un alt exemplu: „Anul ăsta vreau să merg la sală mai des. Ok. Astăzi, nu, mâine, nu". Și ajungi să nu mai mergi. Dacă spui: „Plan clar, vreau să slăbesc sau să arăt mai bine. Trebuie să merg la sală în fiecare marți, joi și sâmbătă". Fă-ți planuri clare, cu date. Notează planurile tale, asta te va ajuta să nu renunți.

    Ieri, în tren (dar să nu mă spui nimănui), am tras cu ochiul în carnețelul unei femei care s-a așezat lângă mine. Am văzut că, după ce gândea un pic, scria ceva, după care, iar gândea și iar scria. No, ce făcea? Completa o listă cu treburi de rezolvat. M-am gândit atunci la ce listă simplă au unii. Eu am un tabel Excel împărțit în 12 pagini, fiecare pentru alt domeniu. Îți voi spune despre el puțin mai jos.

    Oricum, e foarte bine să îți faci un carnețel sau un tabel cu dorințe. Astfel vei avea ocazia să le revezi și vei căuta soluții pentru a le atinge. Altfel, vei uita de ele, vei fi distras mereu către altele de făcut și nu vei acționa cu nimic în atingerea lor. Gândește departe, dă-i minții tale gânduri frumoase și mărețe, după care, notează-le. O să vezi mai târziu cât de mult contează.

Exemplu de tabel. Eu folosesc un tabel Excel care conține mai multe pagini, fiecare dedicată unui domeniu. ==Prima se numește „Bani"== și se împarte în multe coloane orizontale și verticale, colorate diferit în funcție de luni și ani. Intrări din chirii, cheltuieli, datorii, bani împrumutați altora etc. Știu, dacă nu ai mai făcut asta, pare complicat. Eu îl folosesc aproximativ 5 minute pe zi și este foarte simplu. A doua pagină se numește „Bănci", unde am trecut date legate de băncile cu care lucrez, credite, depozite, numere de telefon ale lor. Aceste date sunt introduse o singură dată, după aceea, trebuie actualizate când și când. A treia pagină se numește „De făcut", care e împărțită în „Diverse", „UK" și „Ro". În aceste tabele găsesc tot ceea ce trebuie să fac, de la a suna pe cineva, până la data în care îmi expiră verificarea tehnică la mașină. Tot pe această pagină, îmi păstrez țelurile, ca să le văd aproape de câte ori mă așez în fața calculatorului. A patra pagină este dedicată scrisului. Se numește „Carte" și conține tot ceea ce e de făcut în legătură cu scrisul, editură, contacte, idei pentru o nouă carte, idei de titlu etc. Mai am pagini numite „Firma 1", „Firma 2", „Argint", „2016" etc. ... Știu, pare complicat și greu, dar m-am obișnuit așa de pe vremea în care tabelul acesta avea o singură pagină. Acum, lucrez la două monitoare și mereu deschid tabelul în partea dreaptă, chiar dacă, apoi, îl acopăr cu alte pagini. Îl salvez în întregime, din când în când, pe o memorie externă și cam asta e tot. Mă ajută foarte, foarte, foarte mult în tot ceea ce fac.

În capitolul „Valori", modele și relații am vorbit puțin despre valorile esențiale, fără de care nu poți să-ți fixezi niște țeluri curate.

Aceste valori personale nu numai că te ajută în găsirea și parcurgerea unui drum potrivit, ci te și protejează. Și anume, dacă îți respecți și îți iubești familia, una dintre valorile în care crezi poate fi aceea de a lua cina împreună cu ei, în fiecare seară. Făcând acest lucru, păstrezi familia unită, mănânci fără grabă, afli diverse probleme ale celor dragi, reduci stresul. În plus, creezi o nouă valoare pentru copiii tăi.

Apoi, dacă valorile tale sunt familia, dragostea, sănătatea, educația, natura, atunci, părerile altora, laudele, bârfele etc. nu vor mai conta.

Valorile te ajută, fără doar și poate, în fixarea de țeluri pentru viitor. Cu cât valorile sunt dintre cele mai curate și sănătoase, cu atât și țelurile vor fi pe măsură.

Dacă nu faci lucrurile din plăcere, cum pot ele să funcționeze pe viitor?

Dacă vrei să găsești motive pentru a te plânge altora de viață grea pe care o ai, poți face asta în orice țară, în orice oraș, în orice sat.

Cunosc pe cineva care tot timpul se plânge de lipsa banilor. Nu de azi sau ieri, ci de când mă știu. Dar tot de atunci, această persoană trăiește la fel ca acum mulți ani în urmă. Datorii, bani la limită, iar datorii, mai o bancă, mai un credit, cheltuieli banale. Muncă neplăcută, de nouă ore pe zi, într-o fabrică. O viață despre care se poate spune că e grea, nefericită.

Mă întreb, dacă nu schimbi tu ceva, cine să schimbe pentru tine? Mai știu pe unii care câștigă foarte puțin, dar încearcă să facă tot felul de șmecherii. Ei bine, odată ce te oprești din a le face, câștigul se pierde, iar, dacă nu te oprești, câștigul e foarte mic. Cei dintâi, continuă să facă ceea ce nu vor, nu au suficienți bani, se plâng tot timpul, așteaptă o schimbare majoră din exterior, trăiesc la limită și nu schimbă nimic la ei înșiși. Și cel mai trist este că și cei dintâi și cei care fac mici învârteli nu au vreun țel, iar viziunea lor pe termen lung fie nu există, fie e o poveste foarte tristă.

Crede-mă, dacă nu-ți fixezi niște țeluri clare și un plan de acțiune pentru viața ta, peste 15 ani, te vei afla într-un loc fie la fel cu acesta de acum, fie, într-unul mai rău. Doar cu un noroc fantastic, lucrurile se vor aranja pentru tine din exterior.

Dacă ai curaj, așteaptă-ți norocul. Dacă ai înțelepciune și curaj, fă-ți norocul.

...ața din greșeli. Nu e atât de grav să greșești, pe cât e de grav să repeți o greșeală. Dacă simți că ești pe cale să repeți anumite greșeli, cere ajutor altora.

Nu-ți uita niciodată motivația și țelurile. Nu poți ajunge mai sus decât îți propui sau decât visezi să urci.

De curând am fost tentat să cumpăr o cabană la munte. M-am simțit ca un copil în fața vitrinei cu dulciuri. În mintea mea, acea felie cremoasă de prăjitură era, de fapt, o cabană minunată și foarte ieftină, aflată într-un loc de vis. Am mai fost tentat cu ceva timp în urmă să cumpăr un spațiu pentru birouri, la un preț foarte bun. Dar nu m-am abătut de la planul meu de a avea proprietăți imobiliare, mai mici, închiriate. Despre acest plan am vorbit pe larg, în cartea „Viața, cel mai frumos cadou". Treaba e asta, după ce îți fixezi un țel, dacă știi că e bun și crezi în el, încearcă să nu te abați din drum. Acea cabană la munte este un vis minunat al fiecăruia dintre noi, însă el trebuie să vină ca urmare a unor bani proveniți din afaceri profitabile, astfel încât să nu mă lege la o căruță care să îmi consume energia, în unele cazuri, pentru toată viața. O să vină și cabana, mai târziu.

Să nu crezi în visul tău e ca și cum n-ai crede că poți da viața unui copil sau îl omori înainte de a-l se naște. Mai sunt și oameni care își doresc foarte mult ceva, visul lor este unul frumos și curat, dar nu au încredere în forțele proprii. Mai mult, le este frică de schimbări exterioare, care le pot da planurile peste cap. Cred că poți deduce, deja, părerea mea.

Unul dintre țelurile mele este acela de a deveni liber pe plan financiar. Am început să cumpăr proprietăți imobiliare cu bani strânși din muncă. Apoi, cu bani adunați din chirii și din muncă, apoi, cu bani din chirii, din bancă și din muncă. Și, uite așa, mă duc înainte. Începutul e mai greu, dar, când ajungi la trei, patru, cinci, șase proprietăți, pe care le închiriezi, lucrurile încep să devină pe de o parte serioase, dar, pe de alta, mult mai realiste și țelul final începe să se apropie. Asta este una dintre ideile mele pentru a deveni independent. Îmi doresc să plec la munte oricând, să îmi beau cafeaua dimineața și să citesc ziarul la ce oră vreau, să pot să scriu dimineața și ziua, când sunt plin de energie ș.a.m.d. Desigur, nu îmi doresc o viață liberă în care să dorm și să mă uit toată ziua la televizor, ci una în care să îmi consum energia pe ceea ce îmi doresc.

De câte proprietăți ai nevoie pentru a te putea opri din muncă? Depinde de cât de mult consumi. În cazul în care chelutuielile tale sunt de 4500lei pe lună, atunci, ai nevoie de atât de multe cât să producă această sumă din chiriile adunate. Depinde de locație, prețul chiriei, câți bani cheltuiești lunar, asta, ca să rămâi la același nivel de trăi ca și până în momentul în care hotărăști să te oprești din muncă.

În general, recomand mai mult de 8 garsoniere. Crezi că nu poți să le ai? Dacă gândești așa, află că așa gândeam și eu prin 2010, când locuiam în chirie și singurul meu bun de valoare era o mașină din 1995 și un laptop. După ce am cumpărat prima proprietate, am spus unui prieten că vreau să văd dacă pot să am 10. Între timp, acesta a devenit un țel concret pentru a deveni liber din punct de vedere financiar.

După un concediu mult visat, te întorci acasă fără bani și o iei de la capăt? După ce îți cumperi o mașină, cheltuielile pentru ea sau ratele devin o povară? Dacă îți dorești să faci un curs, trebuie să împrumuți bani ca să îl achiți? Dacă ai răspuns cu „Da!" la aceste trei întrebări, cu siguranță îți dai seama deja că ești pe un drum care trebuie schimbat. Pornește spre viitor cu imagini clare ale destinației tale. Începe fiecare zi, de dimineață, privind tabloul visurilor tale. Ce fel de zi este aceea începută cu știri despre probleme, sărăcie, foamete? Trebuie să știi ce se întâmplă în lume, dar începe ziua cu energie, fii pozitiv! Programează-ți mintea cu ceva ce îți dorești, ca să ai spor în muncă, orice ai face în acea zi. Vei avea mereu în minte destinația și, din acest motiv, vei căuta soluții, care, mai devreme sau mai târziu, vor începe să apară.

Pentru corpul tău, nu contează ceea ce nu mănânci, ci ceea ce mănânci. Și nu contează ceea ce nu bei, ci ceea ce bei.

Pentru viața ta, nu contează atât ceea ce nu vrei, ci ceea ce îți dorești. Și nu contează atât ceea ce nu faci, ci ceea ce faci.

În fiecare zi...

Dacă vezi viitorul într-o lumină negativă, crezi această realitate pe care aproape ca o simți. Dacă îți imaginezi în fiecare zi destinația ta ca fiind una de vis, aproape ca o simți. Cu cât o simți mai mult, cu atât mai multă energie vei primi și vei dărui ca să poți ajunge acolo unde îți dorești.

Te întorci acasă de la muncă, seara, obosit, fără chef de joacă. Copiii îți sar în brațe și te roagă să te joci cu ei? Ce e de făcut? Am o cunoștință care are doi copii, o soție minunată, dar puțin timp liber. Și-a cumpărat două case în Londra, cu bani împrumutați de la bancă. Sume destul de mari, pe care, cel mai probabil, nu le va achita până la pensie, dacă ar lucra până atunci în același fel, adică chiar 6 sau 7 zile pe săptămână. Salariul o să îi rămână cam același, așadar este la limită cu banii în fiecare lună. Nu cred că săptămâna va ajunge la 8 zile, ca să poată să câștige mai mult. Viața lui va fi dedicată muncii, pentru a face rost de bani pentru bancă. Ce va face oare în perioada în care puterile îl vor lăsa? Mereu sunt mai multe variante prin care poți rezolva o problemă, iar aceasta este una mare. Sacrificiul suprem, viața! Viața dăruită muncii, 7 zile pe săptămână, o muncă neplăcută, obositoare, pentru niște obiecte. Soluția este schimbarea, dar nu una aleatorie, ci una bine gândită. Îți trebuie un țel, un scop clar. 600.000£. Cum poți face acești bani? Prim muncă zilnică, obositoare, neplăcută, muncind pentru visul altui om, pentru următorii 30 de ani, sau printr-o afacere? Sau mai bine muncești 5-6 ani, înveți și îți dai silința, ca, apoi, să faci ceea ce îți place. În oricare caz, vei avea ceea ce ai creat. Un cunoscut care muncește enorm de mult, după o discuție despre bani, mi-a spus: „Sunt atât de obosit seara, încât nu mai am chef să învăț, să citesc". Păi asta ce înseamnă, că n-ai să mai înveți nimic niciodată, iar drumul pe care mergi o să rămână singurul pe care îl cunoști deja?

Învață și devino liber, dependența și lenea pot distruge fericirea și împlinirea!

Drumul bătut duce acolo unde au ajuns și alții, drumul tău duce acolo unde vrei tu să ajungi.

Du lucrurile acolo unde dorești, nu te opri la mijlocul drumului. Știi, dacă vrei să traversezi un drum circulat, atunci când ajungi la jumătate nu te oprești ca să fugi înapoi, nu? În primul rând pentru că scopul tău este să treci, în al doilea, pentru că riști să fi călcat de o mașină, în a treilea, pentru că timpul ar fi irosit etc. Oprește-te numai atunci când simți când te afli pe drumul greșit, dar nu te duce înapoi, schimbă doar direcția.

> *Vreau să cânt asemenea păsărilor,*
> *nu să fiu îngrijorat de cei care mă aud*
> *sau dacă mă aude cineva.*
> Rumi

Pasiune, pasiune, pasiune! Dacă nu ajungi într-un fel sau altul să dai viața pasiunilor tale, ai trăit degeaba. Urmărește să faci ceea ce îți dorești, să creezi ceea ce îți dorești, atât timp cât nu faci rău altora în atingerea scopurilor tale. Unii vor spune că ești nebun, dacă îți urmezi chemarea. Foarte mulți sunt aceia, chiar în jurul nostru, care sunt convinși de faptul că trebuie să facă ceea ce face toată lumea, altfel, e ceva în neregulă cu ei. Dacă faci parte dintre ei și aceaste păreri contează pentru tine, poți fi sigur că țelurile, valorile și viziunea îți sunt poluate. Nu asculta de cei care nu fac foarte multe, nu e bine să îți pese foarte mult de părerea celor care nu rezonează cu tine. Trebuie să faci ceea ce simți.

Gândește departe, dă-i minții tale gânduri frumoase și mărețe, după care notează-le. O să vezi mai târziu cât de mult contează.
Vizualizează mereu destinația și ai încredere în tine!

Un țel interesant poate să fie pentru tine dublarea timpului liber. Un altul este acela de a avea atât de mult timp liber cât îți dorești. Un altul poate ține de carieră sau pasiuni, caritate sau familie ș.a.m.d.

După ce îți identifici țelurile, fă câte puțin în fiecare zi, pentru a le atinge. Nu gândi că ele sunt departe în viitor și te vei apuca mai târziu. Începe de astăzi să faci ceva, cât de mic.

Imaginează-ți că ai putea să ajungi în acel punct în care să regreți că nu ești omul care ai fi putut să devii.
Începe cu primul pas și inventează-ți viața! Universul face să crească ceea ce plantezi. Plantează gânduri curate și frumoase!

Capitolul 8
Locul de muncă

Nimic măreț nu a fost realizat fără entuziasm.
Ralph Waldo Emerson

Te-ai născut ca să faci ceea ce faci în prezent?

I. a lucrat o viață întreagă pe trenuri. G. a tăiat lemne de când se știe. V. lucrează într-un birou, de ani de zile, și abia dacă are timp să dea un telefon pe zi, în interes personal. Cei mai mulți oameni primesc un salariu, atât cât să își câștige pâinea și, dacă se mai leagă la cap cu împrumuturi pentru unele nevoi personale, își leagă o ghiulea de picior, probabil, pe viață. Din păcate sau din fericire, nu mulți o duc foarte prost. De ce „din păcate"? Atunci când îți este călduț, îți este frică să faci o schimbare, ca să nu dai locul călduț pe unul despre care nu știi nimic. Atunci când o duci prost, ești forțat să faci o schimbare, care nu poate să fie decât spre mai bine. Atunci când nu o duci foarte bine, dar nici prost, nu prea știi ce să faci și aștepți, aștepți, aștepți... Am un prieten care nu își iubește locul de muncă, dar nu se simte amenințat acolo și câștigă destul de bine. De ani de zile, îmi spune cât de multe planuri are, câte vrea să facă, cum ar renunța la job, dar nu are curaj. Dincolo de vorbe, practic, între timp, a luat un împrumut destul de mare de la o bancă, pentru un apartament și mașină. Acum, este într-o situație și mai rea. Nu o duce prost, dar nu o duce nici bine, nevoile pentru o viață modestă îi sunt acoperite, însă nici dacă ar vrea să își părăsească locul de muncă și să facă mai mult, nu ar putea. Pentru că acele rate bancare trebuie plătite lună de lună. În rest, visează la ieșirea timpurie la pensie. Asta e tot. *End of story* – vorba englezului. De aici rezultă o chestiune foarte clară: dacă vrei să faci ceva mai mult decât ai făcut până acum, pe plan financiar, trebuie să faci altceva decât ai făcut până acum. Dacă faci în continuare ceea ce ai făcut și până acum, fără un câștig nebănuit sau o moștenire căzută din cer, lucrurile nu se vor schimba considerabil, iar, peste ani, te vei găsi în același loc.

Îți vinzi viața, orele, pentru bani și pentru a împlini visul altui om, mai curajos decât tine.

Locul de muncă care nu îți umple sufletul de bucurie, mai degrabă te deprimă, te îmbolnăvește. Locul în care tu nu ești șeful tău.

Cineva mi-a spus: „Nu știu ce vreau, dar știu ce nu vreau". Faină vorbă! Chiar dacă nu știi ce vrei, e bine să știi măcar ceea ce nu vrei. E bine să știi dacă vrei sau nu vrei să muncești o viață întreagă pentru a cumpăra niște lucruri de care nu ai nevoie. E bine să știi că poate nu vrei să ajungi la bătrânețe fără să nu-ți fi trăit visele, între timp.

Să fie teama de schimbare motivul pentru care continui să mergi pe drumul greșit?

Probabil, ți-ai dat seama din capitolele trecute, de părerea mea, că un loc de muncă nu are sens dacă nu iubești cu toată inima ceea ce faci acolo.
Motivele sunt multe. Unul dintre ele este acela că, având un loc de muncă, trebuie să execuți ordinele altcuiva. Trebuie să îi ceri voie să pleci o jumătate de oră, ca să-ți rezolvi o problemă personală sau, uneori, să faci lucruri în care nu crezi cu toată inimă sau nu îți fac plăcere.
Timpul petrecut la muncă este un timp vândut, atunci când locul de muncă nu este pasiunea ta. Ore și zile, luni și ani, ești nevoit să îți petreci acolo timpul atât de prețios, în locul în care nu ești împlinit și fericit. Am prieteni care, după ani de zile, au rămas în același loc. În același loc de muncă. Aceleași probleme, aceleași povești, aceleași obiceiuri. Anii trec, viața trece. Este foarte trist ca fericirea și visurile tale să depindă de unele decizii ale altor persoane.

Ai văzut, cu siguranță, oameni care muncesc foarte mult și totuși rămân săraci și triști. Ai văzut vreodată o maimuță într-o cușcă? Ea sare în toate părțile, se cațără pe crengi, își dă drumul pe sfori, fără încetare. După ore, zile, luni, ani de eforturi depuse în cățărări, se găsește în aceeași cușcă. Singura schimbare semnificativă este îmbătrânirea. Acțiunea nu folosește la nimic, atunci când nu este folosită acolo unde trebuie. Până când nu găsești calea pe care să pornești cu entuziasm, energia ți se va pierde în scopuri ale căror rezultate vor fi mereu mai mici decât ceea ce poți tu să oferi lumii. O să îți mulțumești șeful, vei obține o mărire de salariu, vei fi mângâiat pe cap, vei primi mici cadouri, vei obține promovări, dar niciodată nu vei face ceva extraordinar prin existența ta. Vorbesc la modul general. Sigur că sunt și locuri de muncă pe care le poți dori și nu le poți face de unul singur. Dacă un om este pasionat de cercetări într-un anumit domeniu, nu poate face asta acasă sau pe cont propriu. Dar, dacă locul de muncă nu te face fericit, nu poți fi tu în acea poziție. În loc să te trezești dimineața cu zâmbetul pe buze, te trezești obosit, lipsit de energie și entuziasm, știind că trebuie să pleci la muncă.

Graba spre muncă, graba în pauze, graba acasă nu te lasă să te simți viu. Renunți la somnul dulce al dimineții, ca să fugi spre locul în care nu te simți viu. Zâmbetul tău nu este cel natural.

Nu o dată am sunat pe câte o cunoștință care a răspuns: „Nu pot să vorbesc, sunt la muncă, te sun mai târziu". Mai târziu sună: „Sunt pe fugă, trebuie

să ajung acasă, dar mai am de fugit acolo și acolo".
Trist! Asta e viață?

Vestea bună este aceasta: poți face mai mulți bani cu afacerea ta, decât acei bani „siguri" primiți la locul de muncă.

Dar tu, nu și nu. Preferi să muncești ca să împlinești visul altcuiva, renunțând la visul tău.

Haide să îți spun puțin despre T. care a lucrat pentru alții și se bucură atunci când mai fura câte ceva sau putea să doarmă pe la muncă. Acum, după zeci de ani, face același lucru. Își fură căciula. Mai trage câte un pui de somn, mai bea o bere și, așa, încet, aproape că i-a trecut viața. O viață plină și de muncă grea și de furtișaguri, de timp și de șurubele. Trăiește într-o casă a statului, într-un sat, și trăiește de astăzi pe mâine! T. a construit vise pentru alții.

Altul, M., a făcut zeci de mii de euro în străinătate, după care și-a construit o casă mare, cu etaj, care nu se mai termină. Mereu e ceva de lucru acolo, iar el trebuie să muncească neîncetat, de dimineață până seara, pentru casa lui, care este mult prea mare. Câteva camere stau degeaba. A folosit materiale de calitate și a pus suflet în fiecare colțișor al casei, motiv pentru care, spune el, nu merită să o vândă. Ce nu spune este faptul că nu va recupera niciodată banii investiți și nici munca. Astfel, rămâne prins în acest cerc de muncă zilnică pentru o clădire care consumă neîncetat, degeaba. Merită să mergi o viață întreagă la muncă pentru așa ceva?

Dacă te găsești în postura în care nu poți să pornești o afacere încă, dar vrei să îți pregătești terenul, deși ai încă un job, nu gândi la modul general și nu aștepta un moment pentru a începe, ci începe de acum. Folosește timpul liber. Asta va face diferența, iar, în momentul în care vei ajunge în punctul de a-ți părăsi locul de muncă pentru afacerea ta, vei fi pe val. Fiecare detaliu contează mult. De exemplu, eu am învățat singur să îmi construiesc un website și mi-a luat două săptămâni, o oră-două, pe zi. Nu am făcut asta din lipsa banilor, ci din curiozitate. M-am întrebat cum se face, ce e atât de greu în asta? Am căutat pe Google și Youtube, după care am realizat tot ce am vrut. Nu e greu, durează ceva timp, dar merită. Pentru că, în viitor, atunci când vei avea un magazin online, vei ști despre ce este vorba, când apare o problemă sau angajații tău îți vor spune că „nu se poate".

Sau îți poți pierde job-ul pe care oricum nu-l iubești. Nu dispera! E cel mai bun lucru care ți se poate întâmpla. O schimbare care, în alte condiții, nu ar fi venit. Cum să îți găsești un loc de muncă nou? Nu este subiectul cărții, dar îți pot spune un singur lucru: caută-ți pasiunea. Apoi, caută un loc de muncă legat de aceasta. Nu căuta mai întâi un loc de muncă oarecare, nu căuta un salariu mai bun. Caută distracție și un loc în care să te simți bine, să dăruiești lumii energia ta și acțiuni pozitive, un loc în care să îți limpezești mintea și să îți aduni puterile.

Oamenii sunt orbiți, în locuri de muncă proaste, cu câte o mărire de salariu de câteva procente sau cu mici cadouri. Știi cum e să lucrezi opt sau nouă ore într-un mediu toxic? Când spun „mediu toxic" aici, nu mă refer la otrăvuri sau produce chimice, ci la locul care, într-un fel sau altul, îți distrugi sănătatea fizică și psihică. Fie din cauză că șeful tău e agresiv, fie din cauza stresului, fie pentru că simți că nu e acolo locul tău, fie pentru că nu se respectă reguli etc.

Pe vremea când eram șef într-o fabrică, unde munceau din greu chiar și femei gravide, habar nu aveam că există și alte soluții. Abia, apoi, cu timpul, am găsit calea de a pleca din acel loc de muncă, printr-o afacere nouă, cu bijuterii din argint. Frica de schimbare m-a ținut pe drumul greșit, până când am realizat faptul că e mai rău să nu fac nicio schimbare. Apoi, am descoperit că pot să fiu liber și să câștig și bani mai mulți, și că viața nu a fost concepută pentru ca omul să și-o petreacă într-un loc în care nu se simte fericit. Aceea este o luptă pentru supraviețuire, nicidecum viață și bucurie. Atunci când îți dai timpul și energia vieții pentru bani cu care cumperi mâncare și un acoperiș deasupra capului, trăiești cam degeaba.

Vorbeam cu o doamnă de la o instituție din Londra. Discuția a mers către locul de muncă, iar ea mi-a spus oftând:
- Eh... fiecare trebuie să avem un loc de muncă.
- De ce? am întrebat eu.
- Pentru ca toată lumea are un loc de muncă, cum altfel? răspunse ea mirată.
- Toată lumea care alege să aibă un loc de muncă, are un loc de muncă. Însă tu, dacă îți vinzi casa din Londra, poți să trăiești o viață întreagă, cu burta la soare, în altă țară, probabil în Indonezia. Bali sună foarte bine... Acesta este un exemplu, i-am spus, poate nu e cel mai bun, dar iată că nu ești forțată să ai un loc de muncă, ci e alegerea ta.
După câteva secunde de tăcere, a schimbat vorba.

Totuși dacă alegi să ai un job și crezi că îți este mai bine astfel, decât să începi să lucrezi pe cont propriu, atunci măcar alege un job care să îți aducă fericire și împlinire. Dacă vrei să lucrezi în cercetare sau orice alt domeniu care implică pasiune, atunci fă tot ce poți ca să ajungi acolo.

În schimb, dacă spui că vrei orice job, înseamnă că nu știi ce vrei sau nu te pricepi foarte bine la niciun domeniu de activitate. Dacă nu știi ce vrei, trebuie să te întorci la pasiunile tale. Dacă nu te pricepi la nimic, atunci trebuie să înveți.

Astfel, dacă mergi la un interviu, trebuie să știi un lucru: firmele găsesc greu oameni pregătiți! Se spune că nimeni nu este de neînlocuit, dar crede-mă, conducerea oricărei companii are multă bătaie de cap până găsește oamenii potriviți sau aproape potriviți pentru posturile scoase la concurs. Orice proprietar de companie își dorește angajați potriviți. Asta înseamnă că ei, cei din urmă, trebuie să învețe ușor, să se adapteze, să fie sociabili, responsabili, activi etc. Devino angajatul potrivit și vei vedea cât de simplu îți vei găsi un loc de muncă. Nu privi job-ul ca pe sursă de venit. Caută un job care să îți placă, care să te facă să sari din pat dimineața. Ei bine, când ajungi la interviu, pentru job-ul ales cu înțelepciune, asigură-l pe cel care ține interviul ca tu ești omul potrivit. Nu aștepta să îți pună întrebări, explică-i tu cât de mult îți dorești să lucrezi acolo. Asigură-l că vei munci ca să ridici compania și dă-i exemple de idei pe care le-ai gândit în prealabil, când ai studiat despre compania care te-a chemat la interviu. Cei care susțin un interviu sunt năpădiți de emoții. Dacă știi că acel job ți se potrivește, nu ai de ce să îți faci griji. Ei te vor mai mult decât îi vrei tu pe ei!

Propune-le să accepte să lucrezi pentru ei o lună de zile pe salariul minim pe economie, ca să le arăți ce poți. Ai curajul? Sunt sigur că te vor angaja!

În scrisoarea de intenție insistă pe faptul că iubești domeniul ales și îți dorești să faci ceva grozav acolo, pentru că asta îți place ție să faci. Nu cauți doar un job ca să ai de unde să vii acasă, ci unul pentru care să pleci de acasă!

Ca să revenim, treaba stă în felul următor: variante există, trebuie să le găsim. E un joc pe care nu toți îl joacă. Cei mai mulți aleg calea cea mai simplă, dar, totodată, și cea mai grea, și anume, acceptă ceea ce le scoate viața în cale. Calea mai complicată e grea o vreme. Dacă nu lucrezi acum pentru tine și nu îți asumi unele riscuri, o să lucrezi toată viața pentru alții.

Cu ceva ani în urmă, lucram într-o fabrică și aveam în subordine aproximativ 150 de oameni, am mai spus. Dar, aveam niște colegi minunați, însă cu toții, din cauza stresului și a volumului mare de muncă, în timpul liber, la fotbal, la o cafea, în weekend sau în concediu, vorbeam doar despre muncă. A devenit o obsesie, un stres, un mod de viață. Lucram și în schimburi de noapte, uneori, ziua rămâneam la cursuri plătite de companie, crezând că ne vor dezvolta felul de a gândi. În realitate, eram programați mental să lucrăm mai mult și mai bine. Ne dresau. Pe de o parte era adevărat, ne dezvoltăm abilități, însă nu pentru folosul propriu, ci pentru folosul companiei. Ne tranformau în roboței. Într-o zi, mi-am dat seama că trebuie să plec. Nu știam exact ce vreau să fac, dar știam că acolo nu mai vreau să stau. După ce mi-am dat demisia, care, după lungi discuții, a fost cu greu acceptată, am început să primesc chiar și din partea familiei mustrări de genul „Așa loc de muncă domnesc nu mai prinzi tu, cu una cu două" sau „Nici nu știi tu la ce renunți, bine îți era ție acolo". Nu mai vreau să intru în detalii... am plecat să fac altceva, pe cont propriu. Adică, de la muncă pentru altul, la muncă pentru mine. A fost o experiență fantastică. Așa am ajuns să văd cum arată libertatea. Am ajuns să iubesc ziua de luni. Am început să iau micul dejun în tihnă, în fiecare dimineață. Apoi, aveam timp să-mi savurez cafeaua. Seara nu trebuia să mă culc mai devreme, pentru că dimineața puteam să mă trezesc după bunul plac.

Ei bine, știi ce o să spună unii? Dacă toți ne-am părăsi locurile de muncă cine ar mai lucra în fabrici sau la firme? Răspuns: vor lucra cei mulți, care nu citesc astfel de cărți, care nu învață și nu vor să creadă că există opțiuni. Cu părere de rău, ei vor lucra pentru alții, până la adânci bătrâneți!

Dacă locul tău de muncă nu e plăcut și nu te simți fericit acolo, iată câteva rânduri care te pot pune pe gânduri de ducă sau pot fi semne despre necesitatea unei schimbări.

1. Nu îți place ceea ce faci acolo.
2. Este un mediu toxic.
3. Programul de lucru îți este inconfortabil.
4. Simți nevoia unei schimbări de carieră.
5. Câștigi mai puțin decât ai nevoie.
6. Nu te simți bine la locul de muncă.
7. Nu te distrezi la locul de muncă.
8. Locul sau mediul de muncă nu corespunde valorilor tale.

9. Locul sau mediul de muncă te trage în jos.
10. Îți creează mult stres.
11. Nu te înțelegi cu superiorii sau colegii.
12. Nu te dezvoltă pe plan intelectual.
13. Te plictisești în timpul programului.
14. Simți că nu ai viață personală.
15. Nu poți avansa.
17. Nu se pune preț pe părerile tale.
18. Nu te simți respectat.
19. Ești criticat prea des.
20. Nu ți se spune niciodată „Mulțumesc!"
21. Simți că nu ai un rost.
22. Simți că nu contezi pentru șeful tău.
23. Nu poți să-ți dezvolți creativitatea.
24. Nu are legătură cu nicio pasiune a ta.
25. Nu pleci spre locul de muncă cu entuziasm.
26. Nu mai ai ce învăța.
27. Îți urăști locul de muncă.
28. Iubești mai mult ziua de vineri, decât pe cea de luni.
29. Îți este afectată sănătatea.
30. Îți afectează în mod negativ viața privată.
31. Primești mai multe sarcini, decât poți face în timpul programului.
32. Colegii tăi încep să plece din firmă.
33. Corpul tău îți spune că locul tău nu e acolo.
34. Ți-ai pierdut interesul.
35. Pierzi prea mult timp pe drum spre locul de muncă.

36. Este prea multă bârfa în jur.
37. Comunicarea lasă de dorit.
38. Condițiile de siguranță sunt precare.
39. Aștepți o avansare de ani buni.
sau pur și simplu...
40. Îți dorești să lucrezi pentru tine!

Astfel, dacă vrei să renunți la locul de muncă și să îți asumi responsabilitatea construirii unui plan de afaceri pe cont propriu, îți trebuie mai întâi un plan de scăpare.

Dacă ți-ai dat seama de faptul că jobul tău nu este unul care să îți aducă bucurii sau care să te ajute să evoluezi sau care să te facă să dăruiești ceea ce ai mai bun lumii, atunci trebuie să renunți la el. Trebuie să fugi de locul în care timpul vieții tale trece fără rost. Însă schimbarea trebuie să vină la momentul potrivit, nu peste noapte. Lucrurile de acest fel trebuie gândite și plănuite din timp. Înainte să pleci pe noul drum, poți lua un împrumut bancar, pentru a începe o afacere despre care cunoști deja destule, încât să știi în ce te bagi ori poți aduna întâi o sumă de bani care să îți asigure traiul pentru următoarele câteva luni sau câțiva ani. Nu poți să te arunci în necunoscut, pentru că nu e destul să visezi, trebuie să și trăiești. Pentru asta, îți trebuie bani.

Capitolul 9
Vor fi multe de făcut

*Conduceți-vă afacerile,
nu le lăsați pe ele să vă conducă.*
Benjamin Franklin

O să fie de muncă!

Ca o afacere să crească, trece și prin etape de cădere. Trebuie să fii pregătit pentru asta și trebuie să fii conștient de perioadele grele care s-ar putea să urmeze. O afacere nu este o linie care urcă la infinit, ci are suișuri și coborâșuri.

Te poți aștepta, de-a lungul drumului pe care urmează să mergi, la crize financiare, la schimbări legislative, la probleme de orice fel. Cum spuneam într-un capitol anterior, 1+1 nu este egal tot timpul cu 2. S-ar putea să treci și prin momente de depresie. Dacă se va întâmpla asta, trebuie să știi că depresia este semnul prin care corpul tău îți spune că ai nevoie de o pauză. Cu ajutorul acestui semn îți dai seama că trebuie să resetezi ceva, apoi începi să faci ceea ce crezi că e mai bine pentru tine. Depresia este ca și înțepătura din burta pe care o simți atunci când alergi prea mult și are scopul de a te opri din alergare. Dacă nu ar exista acel semn, ai alerga până ai muri. Apreciază aceste semne și ascultă-le. Întotdeauna corpul tău îți va arăta dacă mergi pe un drum bun sau pe unul greșit.

Te mai poți aștepta la probleme legate oameni, fie angajați, fie colaboratori. Îți spun sincer, ca să nu mai înșir posibile probleme: atât de multe rele se pot întâmpla, încât aș putea umple un capitol întreg cu ele. Dar ce contează? Poate apărea o problemă pe parcurs, poate apărea alta sau, poate, o alta. Poate un monstru stă ascuns chiar la tine sub pat! Mergi înainte!

Tot ce trebuie să știi este că probleme pot să apară, de aceea, ele trebuie să te prindă cât mai pregătit posibil și să le rezolvi atât cât îți stă în putință. Asta e tot.

Despre perioadele de recesiune: există cicluri de scădere și de urcare a activității economice. Am văzut afaceri care s-au născut în vreme de criză economică și afaceri care au murit în vreme de vârf economic. Depinde foarte mult de felul în care gestionezi o afacere. De exemplu, e adevărat că, în vreme de criză, nu se vor mai ocupa pensiunile de la munte, într-un procent prea mare, însă, dacă tu vei oferi ceva inedit la pensiunea ta, vor fi mulți oameni care vor veni la tine chiar și în vreme de criză. Sau darea spre închiriere salvează proprietățile imobiliare pe timp de criza financiară. Nu poți controla economia țării, însă poți controla veniturile generate de o proprietate a ta.

> *Dacă ești iritat de fiecare frecuș,*
> *cum crezi că vei fi lustruit?*
> Rumi

În momentul de față locuiesc în chirie, deși am mai multe proprietăți închiriate. Dacă ai o familie numeroasă și vrei să îți cumperi o casă a ta, desigur că trebuie să faci asta și merită tot confortul ales. Însă, atât timp cât alegi să stai în chirie, e în regulă.

Unii spun că nu găsești chiriași peste tot, decât în orașele mari și bogate. Eu, din momentul în care am cumpărat primul imobil pentru a fi dat spre închiriere, nu a existat moment în care să duc lipsă de chiriași, în perioada de criză financiară. Aici depinde foarte mult de cum știi să găsești ceea ce ai nevoie. La televizor se anunță criza locurilor de muncă, închiderea fabricilor, scăderea numărului de studenți, prorietari în căutare de chiriași, iar eu, primeam e-mail-uri de genul: „Nu știi ceva de închiriat p[e] men lung?"

Ca să revin. Imaginează-ți că, înainte de criză, ai cumpărat o garsonieră pentru a fi închiriată (un activ), cu 100 de bani. După un an de zile prețul ei a scăzut la 80. Dacă ai dat-o în chirie cu 1 ban pe lună, în 5 ani de zile ai făcut 60 de bani. Scăzând cheltuielile, ai rămas cu 40 de bani. A trecut criza financiară, ai un bun care valorează 90 de bani, în creștere, plus 40 de bani în buzunar. Total 130. În creștere, desigur!

Chiriașii trebuie păstrați. În primul rând, ei nu sunt cifre, ci oameni. Trebuie să ai grijă că lor să le fie bine. Dacă lor le este bine și ție îți este bine. Ce te-ai face ca tot la șase luni să rămâi cu o proprietate goală, iar, până la următoarea închiriere, să pierzi o lună de profit. Dacă asta se întâmplă de două ori pe an, la zece proprietăți, pierzi 20 de luni de zile de profit.

Ce trebuie să faci ca să îți păstrezi chiriașii? Acordă-le atenție și fii prieten cu ei. Ajută-i și oferă-le șansa de a te ajuta și ei, la rândul lor. Gândește-te la faptul că ai norocul ca oameni să intre în viața ta și în acest fel. Bucură-te de acest fapt și apreciază-l!

Fă-le cadouri! Cumpără mobila sau modernizează o parte din proprietate. Tu ești cel cu banii, ei sunt cei care au nevoie de un spațiu de locuit. Chiria pe cele două luni despre care vorbeam mai sus, reinvestește-o în proprietatea închiriată. Sau, măcar, banii pe chiria de pe o lună de zile.

Ei vor aprecia foarte mult acest lucru.

Apoi, atunci când te simți pierdut, când traversezi un moment greu, îți dispare energia. Îți pierzi încrederea și puterile.

Dacă în acel timp ai afla, de exemplu, că ai câștigat la Loto sau că o persoană dragă vine de departe să te vadă, ai sări în sus de bucurie, ți-ar reveni toată forța.

Ce înseamnă asta? Înseamnă că puterea ta există deja înlăuntrul tău, iar mintea ta, în funcție de factorii externi, o intensifică sau o încătușează. Atitudinea în fața factorilor externi face diferența. Acești factori fie îți pot distruge viața, fie ți-o pot umple de energie. Atitudinea ta face diferența, însă aceasta necesită disciplinare îndelungă. Nimic nu vine peste noapte.

Despre temeri am vorbit deja, însă pot să mai spun că multora le este mai frică de viață, decât de moarte. Nu trebuie să te lași pradă gândurilor care te trag în jos și te fac să tremuri în fața problemelor. Încearcă să vezi viața ca pe un joc. În regulile ei intră și rezolvarea provocărilor.

Există oameni care își pierd familia pentru nimicuri, din cauza temerilor.

Trebuie să mai știi că nu suntem egali. Unii trebuie să muncească mai mult decât alții pentru a ajunge la un nivel de egalitate. Eu mi-am dat ani din viață, ca să ajung unde alții erau deja. Însă, fac această comparație pentru tine, ca să înveți din asta, mie nu îmi pasă. Eu sunt mult mai sus decât eram cu câțiva ani în urmă și asta îmi ajunge – e singura comparație pe care o fac pentru mine.

Înainte să pornești o afacere, e bine să fii conștient că se poate întâmpla ca ea să nu aibe o viață lungă. Fie se saturează piață, fie nu te poți tu adapta cerințelor. În perioada bună, pune bani deoparte. Desigur, vei porni o altă afacere, dacă prima nu va ajunge să îți satisfacă așteptările, dar, dacă vei produce sume considerabile, pune bani în active, pentru mai târziu.

Nu te arunca la mașini, ceasuri și case din profitul imediat. Reinvestește în tine și în firma ta. Cheltuielile pentru „mofturi" le vei face din banii veniți din activele dobândite de pe urma afacerii. Exemplu: ai deschis o spălătorie auto. După ce cumperi o garsonieră din proftul tău, iar garsoniera produce chirie, acea chirie adunată în câțiva ani îți poate aduce excursii, o mașină nouă etc. Oricum, sper să nu cauți perfecțiune, ci distracție.

Orice s-ar întâmpla, nu te da bătut!

A intra în afaceri înseamnă și asumarea de responsabilități. Vreau să îți spun câte ceva și pentru realația ta cu viitorii angajați, pentru că, s-ar putea să creezi locuri de muncă. Tu fugi de un loc de muncă, dar oferi acel lucru altora? Fă o diferență, tocmai pentru că ai trecut pe acolo. Adu-ți aminte ce nu îți plăcea la vechiul job, atunci când angajezi pe cineva în afacerea ta. Înțelege oamenii, dar alege-i pe cei mai buni. Nu alege oameni care să lucreze ieftin, alege oameni care să fie buni în ceea ce au de făcut, oameni care să facă din pasiune acele lucruri utile pentru firma ta. Angajează cum trebuie, ca ei să merite ceea ce vei fi bucuros să oferi. Și, chiar dacă ei vor pleca, așa cum ai plecat și tu, mai bine să ai temporar o echipă bună, decât o echipă mediocră, de leneși, pentru totdeauna.

În unele domenii poți lucra cu vânzători, pe bază de comision, dar asigură-te că aceștia sunt buni în ceea ce fac. Nu are rost să pierzi timpul cu oameni care te țin pe loc sau, mai rău, îți fac firma de rușine. Și concentrează-te pe ideea de a dărui înapoi lumii, de a da un ajutor pe care l-ai primit și tu, poate, chiar dacă nu a fost unul material. Creează locuri de muncă pentru cei care își doresc să învețe și să devină mai buni și pentru cei care au nevoie de o pornire, nu de bani.

Și eu am fost ajutat, mi s-a oferit încredere și suport. Poate nu atât cât aș fi dorit sau poate nu în felul în care așteptam, dar am primit ajutor. Toate lucrurile se fac împreună, chiar dacă asta nu se vede. Ajută și tu pe alții. Nu socoti doar pierderile tale, socotește că întorci un favor lumii.

Ajută orice om îți iese în cale. Dar ajută-l să învețe. Degeaba îi oferi de mâncare celui care își poate câștiga hrana singur, dacă nu îi oferi un vis, un scop, o unealtă prin care el să se poată descurca și fără tine. Ridică oamenii, nu le alimenta sărăcia.

Inspiră oamenii! Ridică-i! Fă-le viața mai bună! În definitiv, dacă nu schimbi viața altora în bine, poți spune că nu ai făcut mare brânză pe Pământ. În prezent ce faci pentru ceilalți?

Nu uita că între visurile tale să-ți imaginezi și momentul în care faci ceva bun pentru umanitate.

În rest, vei avea succes! Dacă asta urmărești și insiști, asta o să ai!

De câte ori ai auzit pe cineva spunând asta? Majoritatea oamenilor nu au succes, pentru că se tem de el. Se tem de ei înșiși.

Capitolul 10
Fă rost de bani

A fi om de afaceri nu înseamnă să ai bani, ci să ştii să îi foloseşti.

În primul rând, asta trebuie să îţi intre bine în cap: banii nu se fac cu orice preţ! De-a lungul călătoriei tale prin viaţă trebuie să rămâi un om onest, integru, cu o bună reputaţie!

Acestea fiind zise, dacă vrei să lucrezi pentru tine, trebuie să faci, pe lângă multe altele, rost şi de nişte bani. Dacă tu crezi că asta e uşor, ai dreptate, dacă tu crezi că e greu, iar ai dreptate. În cazul în care crezi că e greu, îţi spun că mai greu să lucrez o viaţă întreagă la ordinele altora şi între ore fixe.

Haide să vorbim puţin despre bani şi despre ceea ce se poate întâmpla cu ei. O să încep cu o poveste reală şi tristă. În clipa în care doamna E. mi-a cerut împrumut o sumă mare de bani, mai ales pentru un cuplu de pensionari care îşi duceau cu greu traiul, nici nu bănuiam că, peste puțin timp, vor rămâne fără locuință din cauza datoriilor.

M-a sunat într-o zi, prin 2009, să îmi spună că are nevoie urgent de 700 de euro, fără să știe soțul ei, bolnav de inimă. Știindu-i oameni cumsecade, i-am adus banii, întâlnindu-ne fără știrea soțului ei, la un colț de stradă, asemenea unor infractori. După o scurtă discuție din care n-am înțeles nimica, a promis că îmi restituie banii după o săptămână, rugându-mă din nou să țin secret față de G., soțul ei bolnav.

M-am mirat de situație, știind că, nu cu mult timp în urmă, au împrumutat o sumă considerabilă din bancă, ca să își renoveze apartamentul, deși nu am văzut foarte mari schimbări în apartamentul lor.

Mergeam uneori în vizită la ei, având o pasiune comună cu domnul G., în domeniul electronicii. Era priceput în asta, fiind un fost director în comunicații, în anii comunismului, semn că au dus o viață îndestulată.

Ei bine, a trecut mai bine de o săptămână și doamna E. nu a mai sunat. Când am sunat-o eu, ca să întreb de datorie, a început să plângă, spunând că trebuie să primească o sumă de bani din altă parte și să am puțină răbdare. În cele din urmă, mi-am recuperat banii în 5 tranșe, cu greu, întinse pe o perioadă de câteva săptămâni.

După nu foarte mult timp de atunci, m-a sunat doamna E. și m-a invitat la o cafea la ei acasă, ca să vorbim ceva, toți trei. Foarte mirat, am ajuns acolo după câteva ore. Plângeau amândoi. Să vezi un bărbat în vârstă, plângând, atunci când nici măcar nu îți este apropiat, e o experiență rară. El dădea vina pe ea, vorbind sacadat, în timp ce își ștergea lacrimile. Ea nu voia să vorbească. M-am așezat în fotoliu, sub o bibliotecă, între două dulapuri, lângă o măsuță acoperită de un mileu, pe care mă aștepta o cafea într-o ceșcuță mică, lângă o farfurioară pe post de scrumieră. Domnul G. ședea pe canapea, iar doamna E., pe un scăunel mic cu trei picioare, lângă geam. În liniștea străpunsă doar de câteva suspine, mi-am aprins o țigară al cărei fum a cuprins în câteva secunde camera întreagă, o sufragerie destul de mică, de apartament în stil vagon.

— Vă ascult! am spus, pe tonul unui profesor ce urmează să examineze elevii corijenți.

— Spune-i în ce ne-ai băgat! se răsti domnul G.

Doamna E. scoase o țigară dintr-un pachet necartonat, o aprinse și începu povestea.

Într-o bună zi, nu avea bani în casă și s-a gândit să împrumute 100 de euro de la o vecină, cu gândul că îi va returna banii, odată cu venirea pensiei. Cum nu le ajungeau banii, în general, a luat din altă parte 300 de euro, ca să dea 100 înapoi și să îi mai rămână ceva. Apoi a luat 1000 de euro de la unul dintre copii, ca să dea înapoi cei 300 de euro și rămână cu bani. Apoi a luat 1500 de euro de la altcineva, ca să dea înapoi copilului, apoi a luat 2000 de euro și tot așa mai departe, fără știrea domnului G., până când a luat 4000 de euro de la un cămătar. Deja pierdusem șirul și firul lucrurilor... Atunci au început problemele, drept pentru care a aflat și domnul G. de situația în care se aflau, ca și familie. Au luat împreună 4000 de euro de la un alt cămătar, prin acte de împrumut pe care era trecută suma de 5000 de euro, adică 1000 în plus, partea celui de-al doilea cămătar. Acești 4000 de euro au fost returnați primului cămătar. După câteva luni de zile, termenul din contract a expirat, iar ei nu aveau banii de dat înapoi. Copiii nu i-au putut ajuta, iar ce de-al doilea cămătar i-a executat silit, urmând niște proceduri legale și lăsându-i fără apartament. De rușinea lumii și nevrând să plece pe capul copiilor au cerut să rămână în chirie, în fosta lor locuință, pierdută pe o sumă de nimic, în comparație cu prețul ei real.

M-au chemat ca să spună și ei cuiva necazul și să ceară un sfat. Era prea târziu. E foarte trist să vezi doi oameni în vârstă, disperați, cerând ajutor. Pe de altă parte, asta a fost o lecție foarte bună pentru mine și anume să nu iau bani împrumut atunci când, cu ajutorul banilor, nu fac un profit mai mare decât dobânda.

La oameni, una e atracția fizică și alta e iubirea. Cu banii e la fel, ești atras de ei sau îi faci cu pasiune. E o diferență în a avea bani doar ca să îi ai și a avea bani pentru o pasiune pe care vrei să o dezvolți.

Banii nu sunt o problemă! Felul în care foloseşti banii poate să devină o problemă. Poţi să primeşti o moştenire fabuloasă sau să câştigi la Loto, iar, în câţiva ani, să pierzi totul. Sau poţi să ai doi bănuţi pe care să îi transformi în milioane. Depinde cum gândeşti, cum îi foloseşti, cum pui banii la muncă.

„În cât timp faci rost de 10.000 euro?" Îţi răspund eu: depinde pe cine întrebi. Pentru unii durează preţ de un telefon, pentru alţii, zeci de ani de muncă. Contează foarte mult cercul de oameni în care te învârteşti, contactele, renumele etc. Ca să ai acces în cercuri de oameni influenţi, trebuie să ai nişte calităţi. Nu poţi să aştepţi asta acasă, trebuie să munceşti. Sunt oameni care fac rost de bani într-o clipită, pentru că ceilalţi îi ştiu ca oameni solvabili. Sunt alţii care, în momente de necaz, nu au de unde face rost de bani puţini, pentru că nimeni nu le dă. Acest fapt ridică semne de întrebare despre acei oameni. Dacă eu ştiu că pot face rost de bani, astăzi, din o grămadă de locuri, cum se poate ca un alt om să nu poată face rost de bani de nicăieri, nici cât de-o pereche de pantaloni.

Ca să începi o afacere, ai nevoie de bani.
Nu neapărat mulţi. Nu neapărat ai tăi. Însă, cel mai bine este să ai banii tăi şi, desigur, cât de mulţi.

Trebuie să te gândeşti şi la perioada dintre deschiderea unei afaceri şi momentul în care ea începe să aducă profit. De exemplu, un om de afaceri, atunci când deschide un hotel, calculează costul investiției la care se adaugă pierderi pentru o perioadă de timp, în care nu face profit.

De unde să faci rost de bani pentru începerea afacerii? De la părinți, prieteni, investitori, acționari.

Cum să faci rost de bani? Astăzi e mai ușor decât în trecut, norocul tău!

Prima sursă, cea mai sigură și sinceră, în unele cazuri, sunt părinții. Atunci când aceștia te pot ajuta, ei sunt primii la care trebuie să apelezi. Nu cred că e bine să pui mândria pe primul loc. Dacă vrei să dovedești că ești capabil, dovedește că le dublezi banii și le înapoiezi suma împrumutată, într-un termen cât mai scurt. Partea bună este aceea ca ei nici nu te vor executa silit, nici nu te vor presa.

O altă sursă de bani este casa în care locuiești. Dacă ai o afacere bună în minte, de ce să nu îți vinzi casa? În unele cazuri e o variantă bună. De exemplu, vrei să îți deschizi un magazin online. Nu e nevoie ca magazinele online să fie create în orașe mari. Dacă locuiești într-un oraș mare, unde întreținerea unei case sau a unui apartament costă mult, te poți muta într-un oraș mai mic, iar cu banii obținuți din vânzare îți vei cumpăra una mai mare și vei începe afacerea dorită, fără datorii.

O altă sursă de venit este munca în străinătate. În general, pentru că știu cazul, mulți est-europeni lucrează în vestul Europei. Cea mai mare parte dintre ei consumă foarte mulți bani din câștig, mai ales cei tineri. Aproape toți banii se duc pe cheltuielile lunare, chirie, pe distracții, îmbrăcăminte și mașini. Unii însă strâng bani. Învață limba țării în care lucrează, studiază, caută locuri de muncă bine plătite, „trag tare" câțiva ani, după care se întorc în țara lor și pornesc afaceri. Așadar, o sursă de bani pentru începerea unei afaceri poate fi și purcelușul gras de porțelan. Nu te focusa totuși prea tare pe a salva bani, ci pe a face rost de bani. Niciun om bogat nu a stat ca angajat pentru prea multă vreme.

Dacă ai nevoie de bani pentru o afacere bine gândită, nu e o rușine să împrumuți bani. Dar să nu faci greșeala să accepți orice dobânzi, doar ca să te vezi cu banii în traistă. În ziua plății, lunar, tare greu o să-ți fie și fiecare bănuț va conta. Dacă nu împrumuți pentru cheltuieli fără rost, e bine să împrumuți bani. De exemplu, eu, în acest moment, sunt dator la trei bănci din Londra, iar toți banii luați din bancă i-am investit în proprietăți imobiliare care generează un profit lunar.

Atrage parteneri. Pentru asta trebuie să gândești afacerea ta la un nivel mai larg. Afacerea din mintea ta nu va fi doar a ta, însă distracția va fi pe măsură, dacă găsești oameni de calitate care să ți se alăture. Sunt mulți cei care au bani și caută oameni cu idei bune și energie pentru a le pune pe roate. Unde îi găsești? La evenimente, conferințe sau diverse adunări organizate tocmai ca oamenii de afaceri să se cunoască și să își găsească eventuali parteneri de afaceri. Ai posibilitatea de a le expune planul tău, în care crezi și pentru care ești dispus să muncești foarte mult. S-ar putea să îi câștigi ca parteneri, investitori, colaboratori. În găsirea de parteneri trebuie să oferi respect și încredere. Oamenilor de calitate le place să facă afaceri cu alți oameni de calitate.

Parteneri poți să găsești în rândul familiei sau al prietenilor. Mulți îți vor spune să nu te amesteci cu alții. Eu îți spun că majoritatea celor care au făcut bani mulți, au făcut-o în echipă, după care s-au despărțit.

O altă idee este să faci rost de bani... cu ajutorul banilor. De exemplu, vânezi proprietățile imobiliare. Împrumuți o sumă, cumperi un chilipir, vinzi, restitui suma, iar cu restul îți pornești afacerea. Sau poți accesa fonduri guvernamentale, concepute cu scopul de a ajuta oamenii să pornească o afacere. Unele idei presupun să te apuci de cercetare.

În cazul unor afaceri de tip „vânzări de servicii", costurile de început sunt foarte mici, astfel încât poți face rost de bani în mai multe feluri. Dacă vrei să începi o firmă de amenajări interioare, consultanță sau curățenie, ai nevoie de foarte puțin. Despre idei de afaceri o să vorbim în capitolul următor.

După cum spuneam mai sus, sunt mulți oameni din estul Europei plecați la muncă în vestul Europei. Dacă faci parte dintre ei sau ai asta în planul de viitor, îți urez să găsești stabilitate și fericire în străinătate. Însă, dacă nu te poți adapta sau nu te vei putea adapta, va trebui să faci un plan bun pentru a te întoarce acasă. Gândește pe termen lung, nu te amăgi de faptul că, pe moment, câștigi suficient, oriunde te-ai afla. Cred că oricine în UK, de exemplu, în 6 luni de zile, un an sau doi ani, poate strânge 10.000 de lire sterline. Mai ușor, mai greu, se poate. Cu acești bani cash, poți începe o afacere în România. Cu cât locul în care te vei întoarce este mai sărac, cu atât costurile de pornire vor fi mai mici și vei începe mai ușor. Mă refer la sate, comune sau orașe mici. Depinde de afacerea pe care vrei să o faci. Gândește-te doar la prețul chiriei pentru un spațiu dedicat afacerii tale, apoi la restul cheltuielilor și, astfel, vei putea alege locul potrivit pentru a-ți desfășura activitatea. Și, desigur, poți strânge chiar mai mulți bani, în străinătate.

Când avem bani, trebuie să îi folosim într-un mod sănătos. Chiar dacă ajungi să ai o sumă mare de bani, obținuți din muncă, prin împrumut sau ca un dar de la cei dragi, cheltuiește-i și investește-i cu judecată înțeleaptă. Atunci când trebuie să plătești o sumă mică pentru ceva anume, imaginează-ți că doar aceia sunt singurii bani pe care îi ai. Nu arunca banii pe fereastră, mai ales pentru că s-ar putea să ajungi și la ziua în care vei avea nevoie să împrumuți, poate, din nou.

Iată un exemplu de afacere care s-a dus de râpă, un exemplu de „așa, nu". Un tip foarte capabil, împreună cu încă doi apropiați, cumnatul său și un prieten, totodată cu ajutor din partea părinților, au costruit o cabană frumoasă și mare, într-o stațiune de munte, în România. O zonă minunată, încojurată de păduri de brad, pârtii de ski pentru sezonul de iarnă, superbă pentru drumeții în perioada verii. Prin anii de dinaintea crizei financiare, în jurul anului 2005, afacerea funcționa excelent. Cabana era mereu plină de turiști, mâncarea, cafeaua, băuturile, curgeau fără oprire spre meseni. Turiști ocazionali, tabere școlare, petrecăreți pentru perioada de sărbători, totul părea să decurgă mai bine decât în orice plan inițial. Ce s-a gândit omul nostru? Păi s-a gândit, trăind câțiva ani bucuria unei afaceri promițătoare, ca, după împrumuturile bancare deja făcute, să mai împrumute o sumă de bani ca să îi despăgubească pe ceilalți doi, astfel să rămână singur în afacere. Zis și făcut. După ce a achitat cu o sumă mare părțile partenerilor săi, omul nostru s-a văzut stăpân pe fabrica de bani. Dar, în 2008, după alte credite, mașină scumpă, tot felul de investiții în cabană, apartamente ipotecate, datorii cu duiumul, a venit și criza despre care, toți, am aflat într-un fel sau altul. Aș putea să lungesc povestea, mai ales la partea de natură minunată din jurul cabanei și timpul superb pe care l-am petrecut și eu acolo, dar ceea ce ne interesează acum este faptul că subiectul nostru a rămas fără nimic și dator vândut pe viață. Dintr-o afacere super profitabilă, a ajuns într-o situație din care nu mulți reușesc să iasă întregi la minte. Iată că un om pe care îl consider capabil, inteligent, cult, educat a ajuns falit din cauza unei crize economice pe care nu a luat-o în calcul. Din această cauză, îți repet, ai grijă de fiecare bănuț. Nu te lăsa dus de nas, profiturile veșnice nu există. Mereu există schimbare, e nevoie de adaptare și educare continuă.

Există o vorbă românească: „Unde merge mia, merge și suta". O prostie! Ai grijă de bani!

Mai am o poveste interesantă despre bani. Cunosc un om foarte bogat, în Londra. Deși deține multe proprietăți imobiliare în capitala Marii Britanii, el și familia lui au stat bine mersi în chirie, într-o casă cu 5 dormitoare, mai mulți ani de zile. De ce? Pentru că a lui este închiriată cu dublul chiriei pe care o plătea pentru casa cu 5 dormitoare. Și un alt motiv, pentru că nu a găsit o casă care să merite cumpărată pentru confortul propriu, până de curând. Acum, locuiește într-o casă enorm de scumpă, dar îi oferă posibilitatea unor modificări pentru a mari spațiul și numărul de camere, astfel, încât, dacă s-ar gândi să o vândă, după ceva lucrări de modificare, ar putea cere liniștit mult mai mult de cât a dat pe ea. Vorbim de milioane de lire sterline. Un om de afaceri rămâne om de afaceri, până la capăt. Și atunci când negociază o casă de milioane de lire sterline, și atunci când negociază prețul unei bicilete, și atunci când ridică bănuțul, aparent neînsemnat, găsit pe stradă. Apreciază fiecare ban. Dar, mai ales, atunci când cumpără o proprietate pentru folosul propriu, proprietate care, în mod normal, nu aduce profit, ci aceasta poate chiar să devină un mare consumator. Un om de afaceri inteligent, așteaptă răbdător, până când se ivește momentul potrivit, asemeni unui crocodil care îți așteaptă prada. Nu se aruncă fără rost pe orice îi iese în cale. Astfel, poate transforma un bun pasiv într-un bun activ, adică un bun mâncător de bani, îl transformă într-un bun aducător de proft. Peste câțiva ani, se va putea muta într-o casă și mai mare, rămânând și cu bani de cheltuială pentru tot restul vieții.

Contează foarte mult ce lași să vină spre tine, chiar și la gânduri mă refer, contează mult ce pui la suflet. Se poate spune că în lume nu există „rău" și „bine". De fapt, există doar percepția răului sau a binelui. Poate, eu cred în faptul că a avea un pom în fața casei aduce ghinion și e rău, iar tu crezi că el aduce noroc și e bun. Cam așa e în toate. Dacă ajungi să vezi lucrurile dintr-o anumită perspectivă, nu te mai atinge nicio durere. Dacă tu alegi să închiriezi casa ta și să te muți în chirie, e problema ta. Poate rămâi cu niște bani și, pe baza chiriei pe care o primești, poți împrumuta bani din bancă pentru o altă casă. Fiecare le știe pe ale lui. Apoi, poți vinde mașina pentru care lucrezi poate o oră pe zi și scade programul de lucru cu o oră. Vei avea mai mult timp pentru a-ți face planurile de viitor și vei avea și bani de început. Lumea a început să lucreze tot mai mult pentru „mai mult", deși nu toți au cu adevărat nevoie de ceea ce cumpără. Atunci când vei ajunge la nivelul dorit, îți vei lua mașina înapoi. Atenție! Trebuie să cătărești bine fiecare pas pe care îl faci.

Mai am o poveste faină, apoi, o să trecem la următorul capitol.

E bine să ai mereu niște bani puși deoparte?

Un amic din Londra, la o bere, spunea:

— Într-o bună zi, m-am însurat. O iubesc la fel de mult și astăzi ca și atunci. Dar cu banii nu ne-am înțeles niciodată. Tot am amânat să îi spun de niște bani, mai exact 5000 de euro, pe care îi aveam puși deoparte, dinainte de nuntă, pentru zile negre. Stăteau bine banii și nu aveam nevoie de ei. Într-o zi, ne-am supărat nu știu din ce prostie, iar eu, ca să o împac, m-am dus și i-am cumpărat un aparat foto, pe care știam că și-l dorește. După ce am venit acasă cu el și am făcut-o foarte fericită, nevenindu-i să creadă ce cadou minunat a primit, și-a pus, desigur, întrebarea, de unde am avut atâția bani, așa brusc. Atât s-a ținut de capul meu, până când i-am povestit de cei 5000 de euro, mai exact 4500 de euro rămași. Asta a fost într-o zi de luni. Vineri mai aveam 0 euro. Cum i-am spus de ei, i-a luat câteva ore, seara la culcare, să mă convingă să punem gresie și faianță nouă, în baie și bucătărie, și alte mici îmbunătățiri. Ca să vezi, cât de bine au stat banii până a aflat de ei...

Capitolul 11

Idei de afaceri

Probabil, îți dorești să afli un secret sau să găsești o rețetă sigură a succesului. Ceea ce pot să îți spun este asta: visează, fă un plan bun și acționează! Ca să poți zice că trăiești, trebuie să-ți trăiești visul. Distrează-te!

Mai întâi, ai nevoie ca, într-un fel sau altul, să ajungi prin învățare, în acel punct în care să ai o viziune clară asupra ceea ce îți dorești să faci. Sunt sigur că, până în acest moment, ți-au trecut prin minte mai multe idei de afaceri, care, apoi, au fost lăsate în urmă din cauza temerilor, a neîncrederii sau a lipsei de susținere din partea celor din jur. Dacă, pe moment, nu ai nimic clar în minte legat de ceea ce poți face, întoarce-te la acele clipe în care visai să creezi ceva. Întoarce-te la pasiunile copilăriei tale, la plăcerile pe care le-ai trăit, la orice lucru îți aduce ție bucurie. De acolo trebuie să pornești.

> *Alege-ți o slujbă pe care o iubești
> și nu vei munci o zi în viața ta.*
> Confucius

Te-ai gândit vreodată să „faci" săpunuri? Prăjituri, boluri din lut, casă muzeu etc.? În orice domeniu, poți crea un nume, un brand. Asta înseamnă să fii pregătit pentru a începe, iar asta poți face citind. Știi câte ceva despre yoga, îți place, vrei să îi înveți și pe ceilalți și să câștigi chiar bani pentru traiul tău, apoi să faci din asta un curs la nivelul unui oraș? Citește, învață. După ce vei fi citit 20 de cărți despre yoga și vei practica o vreme, vei putea să te consideri apt pentru a da lecții. A fost un exemplu. În orice domeniu alegi, e nevoie de multă muncă și cunoaștere. Apoi, trebuie să ai o minte pozitivă.

Iisus spune în Biblie: *Adevărat vă spun că, dacă ați avea credință cât un grăunte de muștar, ați zice muntelui acestuia: „Mută-te de aici colo"‚ și s-ar muta; nimic nu v-ar fi cu neputință.* Matei 17:20.

Trebuie să visezi, să îți dorești, să te vezi acolo unde vrei să ajungi. Dacă poți să faci asta, te poți deja seta pe distracție. Activitatea ta de zi cu zi trebuie să fie distractivă. Muncă fără plăcere, fără distracție și voie bună, nu are sens. Dacă ajungi să te distrezi făcând ceea ce vrei tu să faci, prinzi încredere în tine și nimeni nu îți va mai putea spune că nu vei avea succes. Pentru că îl ai deja.

*Lăsați-vă atrași de atracția puternică
a ceea ce vă place cu adevărat.*
Rumi

Cu câteva zile în urmă, eram în casa unor prieteni. Povestind în sufrageriei cu ei, fetița lor cea mică, de câțiva anișori, s-a urcat pe scaunul pianului și a început să cânte câteva note la nimereală și nu suna rău deloc. Părinții, vânzând asta, mi-au spus că fetița tot vrea să cânte la pian și o vor trimite să ia lecții. Atunci, m-am gândit că unii copii nu au acces la pian sau alte instrumente muzicale. Nevăzând vreodată un pian, desigur, habar nu ai că poți să cânți la unul sau ca asta ar deveni pasiunea vieții tale. Morala este aceea că, dacă nu cunoști lucruri, nu ți le dorești. Nu știi că există „suc" în nuca de cocos, nu îți trebuie „suc" de nucă de cocos. Simplu. În afaceri e la fel, dacă nu cunoști suficiente tipuri de afaceri, s-ar putea să nu găsești una pentru care să vrei să pornești la drum, pe cont propriu. Caută, învață, citește și apoi alege.

Găsește-ți pasiunea. Dacă vrei să fii înconjurat de natură, poți alege să dezvolți o pensiune sau o fermă pentru animale. Dacă vrei distracţie, poţi deschide un club sau un parc de paint-ball.

Eu îţi pot da idei de afaceri sau idei prin care să ajungi să găseşti ceva de făcut, iar alegerea să o faci tu. Încearcă totuşi să găseşti domeniul de care eşti legat cu sufletul. Să nu crezi că un domeniu de afaceri care funcţionează pentru mine îţi va aduce bucurii sau bani. În plus, lucrurile se schimbă, viaţa se schimbă. Nu poţi alege mereu ceea ce aleg alţii. Dacă nu alegi ceea ce ţi se potriveşte, nu vei putea să iubeşti acel lucru şi, în consecinţă, nu o să dăruieşti suficient. Chiar dacă mai sunt un milion de pensiuni, un milion de ferme, un milion de cluburi, tu fă afacerea ta, în stilul tău, într-un mod inedit. Asta este cheia, să nu te iei după alţii, ci după sufletul tău.

Dacă nu ştii exact cum să transpui pasiunea ta într-o afacere, conectează pasiunea ta la ceea ce oamenii au nevoie sau ceea ce vor ei să cumpere, nu te concentra doar pe ceea ce vrei tu să vinzi. Fii flexibil. Serveşte oamenii, caută informaţii despre nevoile oamenilor, încearcă să ajuţi şi să conectezi, în acelaşi timp, nevoile oamenilor la pasiunea ta sau invers. Caută-ţi pasiunea în tot ceea ce faci, nu căuta banii. De exemplu, îţi place sportul, mai exact tenisul de câmp. Ce nevoie au oamenii? De sănătate, de mişcare. Ei bine, poţi deveni antrenor de tenis de câmp. Învaţă, citeşte, exersează. Apoi, caută fonduri şi bani pentru a deschide propriul tău teren de tenis.

Dacă vei face asta cu pasiune, vei găsi oameni care să te aprecieze și să aleagă această activitate pentru mișcare, pe terenul tău. Din pasiune pentru tenis, vei crea concursuri, pagini online pentru marketing etc.

> *Prin perseverență, mulți oameni*
> *ajung la succes cu proiecte*
> *care păreau să fie destinate eșecului.*
> Benjamin Disraeli

Bijuterii. În cartea „Viața, cel mai frumos cadou" am povestit, în mare, despre viața mea și experiențele prin care am trecut. Una dintre ele – prima afacere – a fost cumpărarea și vânzarea bijuteriilor din argint, mai apoi, chiar confecționarea lor. Nu știam foarte multe despre ce înseamnă să ai o firmă, dar am învățat ceea ce trebuia să fac, după ce am comandat primul pachet de bijuterii din Thailanda. După ce coletul cu 77 de piese din argint (inele, cercei, lănțișoare) a ajuns în vama Otopeni, am fost sunat de agentul vamal, care mi-a cerut datele firmei și adresa. Pentru că nu aveam niciun fel de acte și doar am făcut o comandă de probă, am hotărât că e timpul să îmi deschid o afacere serioasă. M-am înregistrat la Registru Comerțului, am luat avizele necesare de la Oficiul pentru Protecția Consumatorului (cele mai costisitoare), m-am înscris la un patronat al bijutierilor și am primit un aviz și de la ei, mi-am cumpărat casă de marcat, am găsit un contabil, am cumpărat un program de contabilitate etc. Par multe și scumpe, dar le-am rezolvat în mai puțin de 10 zile, ca să nu fie trimis coletul înapoi, în Thailanda. Apoi, am vândut cele 77 de piese din argint, în două zile. Au urmat comenzi de mii de piese, și finite, și care urmau a fi ansamblate. Mi-am recuperat banii cheltuiți pe acte și marfă în mai puțin de câteva săptămâni. Merită și e ușor, în plus, e distractiv să creezi o ocupație din care să câștigi bani. Apoi, vara, eram pe malul lacului, cu picioarele în apă și undițele lansate, știind că, undeva în lume, cineva cumpăra bijuterii, iar eu încasam bani la fiecare tranzacție. Chiar și noaptea când dormeam, cineva vindea bijuterii pentru mine. Nu câștigam enorm mult, dar eram liber.

La finalul acestui capitol, îți voi da câteva idei de afaceri, așa, ca exemple, deși asta poți să găsești pe toate gardurile. E mai bine să găsești în sufletul tău ceea ce vrei să faci, cu adevărat, în viața ta. Până atunci, o să îți povestesc ceea ce știu deja despre afacerile imobiliare, pentru că ele sunt locul în care poți să investești de la început sau după ce ai profituri din altă afacere.

Pentru acest an mi-am făcut o listă cu planuri, iar una dintre ele era să cumpăr 3 proprietăți imobiliare.

La începutul anului nu aveam niciun ban pus deoparte, chiar aveam datorii. Acum, încă nu a venit vara și am banii pentru două. Un alt plan notat este să termin această carte până la finalul anului. Nu a venit nici vara și iată-mă ținându-mă de plan.

Iată câteva rânduri și idei ce țin de afacerile imobiliare: ai casa în oraș și curte suficient de mare? Ia bani din bancă și construiește garsoniere. Caută parteneri de afaceri. Dublează-ți banii alături de ei. Cum? Haide să îți dau un exemplu valabil pentru România, în orașele mai mici. Fiecare pune 20.000 de euro sau mai mult. Vă adunați 6-7. Cumpărați o curte de 400 de metri pătrați. Construiți câte garsoniere puteți. Le vindeți. Fă o socoteală și vezi cât îți dă la final. Mie îmi dă cel puțin dublul sumei investite, de fiecare, după împărțirea câștigului. Construcția de garsoniere, pe pământ, în curți sau grădini ale caselor din orașe, este o afacere foarte profitabilă, atât timp cât te lasa legea să le construiești. Poți să îți dublezi banii investiți, depinde de numărul garsonierelor. O afacere la fel de bună este să le închiriezi.

În afacerile imobiliare trebuie să ai banii „pe masă". Chiar dacă împrumuți bani de la bancă, trebuie să îi ai deja în cont. Ca să faci o negociere la sânge, trebuie să dispui de bani. La început, nu prea poți face negocieri pe promisiuni, acolo îți trebuie multă experiență.

Ca să câştigi din aceste afaceri, trebuie să cumperi la preţ bun. Chiar dacă acel imobil o să fie închiriat, tot trebuie să îl cumperi la un preţ cu cel puţin 25% mai mic decât cel al pieţei. Pentru asta, îţi trebuie banii jos, cel puţin o mare parte din ei. Dacă preţul acelui imobil scade în perioada de criză financiară, iar tu l-ai cumpărat în perioada de vârf economic, prin închiriere, îţi poţi păstra profitul.

Nu poţi şti cu exactitate ce se va întâmpla cu economia, dar poţi controla profiturile într-o mare măsură.

Trebuie să cunoşti valoarea unei afaceri sau a unui imobil, înainte să o cumperi. Nu încerca să ghiceşti. Şansa e mare să pierzi. Trebuie să câştigi la cumpărare, pentru că nu ştii ce se va întâmpla mai târziu. Astfel, ai lucrurile sub control în aproape orice situaţie.

Afacerile imobiliare înseamnă negocieri. Dacă nu ai toată suma, nu dispera. Cine are banii face regulile jocului. Odată, voiam să cumpăr o proprietate cu suma x, după ce un agent imobiliar a postat un anunţ cu acea proprietate la un preţ cu 15% mai mic decât preţul pieţei. Ştii cu cât am cumpărat proprietatea? Cu mai puţin de 25% decât preţul pieţei. Cum? Am negociat cu banii „pe masă". Când trebuie să faci un împrumut în banca e mai greu să negociezi. Când pui banii pe masă, tu conduci jocul.

După ce vei ajunge mai departe în afaceri, dacă vei alege domeniul imobiliar, deschide-ţi o agenţie. Nu pentru activitatea de agenție în sine, ci pentru că oamenii vor veni direct la tine. Vei avea acces direct la chilipiruri, la chiriași, la vânzări rapide ale bunurilor tale. Le vei învârti pe degete.

Agenția imobiliară va susține imobilele personale și chiriile. În plus, vei mai face tranzacții și pentru alții de unde vei lua comisioane bune. Problema cu agenția este una singură. Trebuie să fii acolo, permanent. E una dintre acele afaceri care nu funcționează fără tine. Dar e pentru o fază de început, când vei strânge suficienți bani, vei putea să renunți la ea.

O altă idee legată de imobiliare, este firma „asociația de locatari". În momentul de față, asociațiile de locatari sunt niște oraganizații îngrozitor de neprofitabile pentru proprietarii atașați lor. Cel puțin, în orașele mici, sunt un adevărat dezastru. Percep taxe, dar fac foarte puțin pentru blocurile de care, se presupune, că ar avea grijă. Dacă deschizi o firmă de acest gen, investiția s-ar putea să fie doar într-un birou mare, angajați, echipamente de birotică și mobilier. Actele și marketingul. Îți trebuie o echipă de meseriași pricepuți și un consilier juridic bun, pentru o treabă de viitor, pe termen lung. O afacere mare, cât un oraș. Orașele mai mici sunt locul ideal pentru asta.

Apoi, că veni vorba, toate orașele mici sunt locul ideal pentru afacerile online. Chiriile pentru spații de depozitare sunt mult reduse. Angajații lucrează pe salarii mai mici. Cheltuielile pe care le ai zi de zi sunt reduse. Drumurile între instituții sunt scurte. Ajungi să cunoști oamenii pe nume.

Chiar mă gândeam, pentru mine, să propun altora să investim împreună într-un proiect. Sunt mulți cei care au sume mai mici de bani, pentru a porni o afacere, dar le e frică singuri sau banii nu le sunt suficienți. Împreună ne vom putea permite cel mai bun contabil. Vom avea cel mai bun instalator. Vom avea o dubiță împreună pentru nevoile de transport. Vom plăti împreună o firmă de curățenie. Vom plăti împreună taxele la utilități. Dar, cel mai important, ne vom ajuta între noi. Săptămânal, vom avea o ședință de afaceri, vom discuta despre idei noi, despre oportunități noi. Vom pune la comun toate cunoștințele însușite până acum, ne vom face reclamă unii altora (online și prin orice alte metode), ne vom bucura în sens bun și legal de relațiile pe care le avem, fiecare dintre noi, în țară sau în străinătate.

Cu banii pe care îi cheltui oricum pe navetă, într-un oraș mare, poți avea mai mult confort într-un oraș mai mic. De exemplu, în loc de navetă, poți plăti o femeie care să aibă grijă de casă și să-ți calce cămășile, câteva ore, la câteva zile. Împreună îi putem oferi un job full time. Unde pui că orele pierdute pe drum le vei folosi în avantajul tău. Într-un oraș mare ți se pare că trăiești mai bine. Dar timpul pierdut pe drum, prin oraș, îl pui în calcul? Banii strânși lunar, după cheltuieli, câți sunt?

Sau ai moștenit o mică avere într-un oraș mare? Oferă-ți un mediu prielnic într-un oraș mai mic pentru a dezvolta cu resurse proprii o afacere mult visată sau un trai liniștit pentru toată viața. Oameni primitori ți-ar deschide calea și te-ar ajuta în toate cele.

Sau poți rămâne acolo unde ești și poți merge la muncă pentru tot restul vieții, pentru a-ți putea achita dările către stat și a menține ceea ce ai deja în proprietate.

Am o prietenă în Londra, care, în ultimii ani, s-a axat foarte mult pe gimnastică și aproape că a devenit asistent personal de fitness. Însă nu își permite să se dedice doar acestei plăceri. Trebuie să meargă în fiecare zi la muncă și la școală. La un sfârșit de săptămână, am ieșit în oraș, să mai povestim. Acolo, mi-a venit o idee. Și anume, i-am propus să învețe tot ce poate despre acest domeniu, astfel încât să nu mai existe termeni, mișcări, grupe musculare, metode de nutriție etc. pe care ea să nu le știe. Apoi, să creeze în România un loc pentru cursuri de câteva zile, în acest domeniu. Undeva, la munte. Chiar dacă locul nu va fi în proprietatea ei, poate face un contract cu una dintre pensiunile care au nevoie disperată de clienți, astfel încât ea nu își va bate capul în legătură cu cazarea și masa clienților și nici măcar cu masa și cazarea pentru ea. Se va putea concentra la cursurile pe care le va ține, cursuri care te vor învăța metode de nutriție și finess pentru o viață, învățate de la ea, în câteva zile. Astfel, iată o altă pasiune transformată în afacere. Va putea vinde chiar și CD-uri cu filme despre fitness și nutriție, care vor furniza informații prețioase celor interesați.

Ai grijă să nu fii descurajat, în drumul tău, de către cei care îi bârfesc pe cei care câștigă bani din pasiuni și anume: „Tu faci asta pentru bani". Păi, chiar și eu, care câștig din mai multe locuri, dacă îmi doresc să îmi dedic o mare parte din viață scrisului, nu pot să mănânc hârtie. Fiecare om are nevoi, are o familie, are probleme lui. Nu poți să trăiești dintr-o pasiune, atât timp cât nu câștigi și bani din ea. Doctorii nu vindecă pe bani? Avocații nu apară pe bani? Fotbaliștii nu câștigă bani? Oricum, nu-ți bate capul, lasă-i să vorbească.

Nu îți fie frică de eșec! Spuneam unui prieten că prefer să mă concentrez un an de zile pe atragerea de fonduri pentru a începe o afacere, după care să mă joc făcând tot posibilul ca ea să crească, decât să muncesc în acel an într-un loc de muncă care nu îmi aduce bucurie. Gândește-te la faptul că scopul nu sunt întotdeauna banii, ci timpul petrecut în felul în care vrei tu, care este cel mai mare câștig.

Caută să acumulezi active care să producă bani pentru tine. Caută afaceri care să aducă bani fără ca tu să fii acolo în permanență.
Motivul final pentru care afacerea trebuie să meargă bine este acesta: trebuie să cumperi active!

Degeaba ai succes pe moment, dacă nu ești asigurat pe termen lung de către activele care produc bani chiar și atunci când dormi. Activele sunt de mai multe feluri și e foarte bine să diversifici. Nu neapărat prin felul activului, ci prin orice modalitate poți. Dacă, din profitul firmei tale, îți cumperi apartamente, încearcă să cumperi în două orașe, nu într-unul singur. Caută ca zona să fie foarte bună și prețul apartamentului cât mai mic, în raport cu chiria pe care o vei obține de pe urma lui. Dacă îți vei recupera banii investiți în mai puțin de 10 ani de zile, afacerea este una foarte bună.

Iată alte câteva idei de afaceri, dar nu uita, chiar dacă ele există deja peste tot, tu trebuie să le faci într-un mod diferit și autentic (unele dintre ele cu ajutorul fonduri europene):
– orice ține de domeniul ecologic, afacerile „verzi". Exemple: produse de cosmetică „verzi", reciclare de hârtie și plastic, energie solară, alimente ecologice, materiale de construcții ecologice;
– afeceri meșteșugărești, producerea diverselor obiecte tradiționale;
– firmă de catering;
– plantația de Paulownia pentru fabricarea mobilei și pentru cherestea;
– cultivarea ciupercilor;
– pensiune;
– azil de bătrâni;

- website pentru cei care caută un loc de muncă (website-urile existente sunt făcute pentru cei care caută angajați, mă refer la faptul că firmele sunt postate la majoritate, iar ideea mea e să fie postați potențialii angajați, iar fimele să aleagă, nu invers);
- vânzare de panouri solare și mini-turbine eoliene;
- firmă de izolații exterioare blocuri și case;
- servicii internet și cablu TV, în mediul rural;
- magazin de suplimente nutritive;
- afaceri de succes în zonele montane. Închirierea de biciclete, ATV-uri, sănii, parc de aventuri;
- plantație de nuci sau livadă de pomi fructiferi;
- renaștere rurală;
- arbori și arbuști ornamentali;
- cultivarea cânepii;
- cultură de răpiță;
- apicultură;
- fermă de găini;
- fructe de pădure;
- cultivarea catinei (1 litru de ulei de catină se vinde cu 150-250 de euro);
- sală de nunți la țară, în vecinătatea unui oraș (caută un loc deosebit, în natură);
- grădiniță privată;
- covrigărie;
- fermă piscicolă;
- linie îmbuteliere apă plată;
- seră de flori;

- plantație viticolă;
- siloz de cereale;
- moară de cereale;
- fabrică profile metalice;
- servicii în spațiul rural;
- schrott auto;
- tricotaje și confecții;
- bijuterii hand made;
- transport și depozitare;
- clinică naturistă;
- brutărie;
- închiriere de decoruri;
- o idee bună de afacere este să creezi un loc în care oamenii să vină în natură pentru relaxare. Loc ferit de zgomot, un loc verde și cald, în care oamenii să vină să-și vindece corpul și sufletul.

Nu în ultimul rând, poți face afaceri trainice, alături de oameni pasionați și pregătiți. Chiar dacă nu ai început, nu te împiedică nimic să împărtășești ideile tale, venite din pasiune, cu oameni aflați pe aceeași lungime de undă sau în căutare de ceea ce tu poți să oferi. S-ar putea să te înconjori de o echipă minunată, doar prin faptul că o cauți. Dacă nu încerci, nu vei ști niciodată. Ca un exemplu, dorești să dezvolți o afacere agroturistică, la munte, ce te împiedică să inviți un pasionat de ski, în sezonul de iarnă, să ofere lecții de ski turiștilor. Poate e visul lui și nu știa cum să înceapă. Iată, tu îi oferi această posibilitate (recitește capitolul „Valori, modele și relații"). Ce te împiedică să inviți pe cineva care iubește copiii, să facă activități specifice copiilor, în perioadele de vară. Ce te oprește să faci orice îți dorești și cu cine dorești? Împreună cu oameni pasionați poți ridica o afacere trainică și sănătoasă. Și, de ce nu, să intri tu în afacerea altora.

Nu uita să citești mult, nu uita de plan, de un nume potrivit pentru afacerea ta, de un logo reprezentativ.

Capitolul 12

Acţionează

Acolo unde eşti, se află lumea întreagă.
William Shakespeare

Lumea întreagă e a ta. Cum ţi-o creezi, aşa o vezi, aşa o ai!
Ce ai mai bun de făcut, decât să îţi trăieşti visul?
Visul tău aşteaptă să deschizi ochii şi să îl trăieşti!

Înainte de a porni, trebuie să ştii că toţi cei care au realizat ceva măreţ în viaţă, au muncit pentru sufletul şi bucuria lor sau a echipei lor. Iar cei care nu au făcut aşa, au privit cum cel pentru care munceau a realizat ceva măreţ.

După ce ai ales un domeniu în care vrei să acţionezi, îţi trebuie un plan foarte serios. Chiar dacă nimeni nu va garanta că te vei ţine de acest plan sau că nu îl vei schimba între timp, totuşi trebuie să îţi schiţezi un plan. Atunci când porneşti la un drum, în maşină, cauţi un traseu cât mai uşor sau chiar două, în cazul în care ar apărea ceva neprevăzut. Înainte de plecare, umpli rezervorul cu combustibil, încarci bidonul pentru lichid de spălat parbrizul, îți verifici actele și faci multe alte pregătiri. În afaceri trebuie să faci la fel. Nu poți să pornești la drum fără să știi unde vrei să mergi, în ce direcție pornești, unde o să dormi pe drum sau fără să ai actele asupra ta.

> *Du-te la furnică, leneșule; uită-te cu băgare de seamă la căile ei și înțelepțește-te!*
> *Ea n-are nici căpetenie, nici privighetor, nici stăpân; totuși își pregătește hrana vara și strânge de ale mâncării în timpul secerișului. Până când vei sta culcat, leneșule? Când te vei scula din somnul tău? Să mai dormi puțin, să mai ațipești puțin, să mai încrucișezi puțin mâinile ca să dormi!... Și sărăcia vine peste tine, ca un hoț, și lipsa, ca un om înarmat.*
> Proverbe 6:6-11

Următorii pași sunt extrem de importanți:
- alege un domeniu care să îți placă;
- gândește pozitiv;
- fii disciplinat;
- fixeaz-ți ținte clare, oricât de mari, doar pune-le pe hârtie;

- învață tot ce poți despre domeniul ales;
- caută oportunități;
- înconjoară-te cu oameni buni și renunță la cei care te trag în jos;
- învinge-ți temerile;
- acționează;
- termină ceea ce ai început.

Cunosc oameni care, după ani și ani de pregătire într-un domeniu ales, pe lângă locul de muncă, nu s-au apucat de nimic pe cont propriu. Nu au acționat cu nimic altceva decât cu învățatul despre domeniul dorit. Dar contiună să meargă la muncă, în fiecare zi, și probabil că le este frică să facă pasul. Uneori, dacă nu faci acum ceva, nu vei mai face niciodată. Vei rămane ca și aceia care, deși învață mult, nu vor aplica niciodată ceea ce au învățat.

Dacă, într-un grup de persoane, ridic o bancnotă de 100 de lei și întreb: „– Cine îmi dă 50 de lei pe ea?" cu siguranță că unii se vor întreba dacă glumesc, alții, dacă ceea ce fac e real, alții își vor spune că e o păcăleală. Cineva însă va scoate 50 de lei și îmi va cumpăra suta, astfel dublându-și banii. Asta este acțiunea în afaceri. Afacerile implică schimburi. Indiferent că vorbim de apartamente, terenuri sau obiecte. Cine caută și găsește oportunități, fiind în același timp deschis și hotărât, cu siguranță, va avea multe de câștigat. Uneori, am întâlnit oportunități de genul exemplului cu banii, în imobiliare. Unii se întrebau dacă e o glumă, moment în care au pierdut startul. Acțiunea face diferența. Degeaba privești către vârful muntelui dacă nu te încumeți să faci primul pas.

Cu siguranță ai auzit aceste cuvinte:
„De mâine mă apuc de sport".
„De mâine mă apuc de slăbit".
„De mâine mă apuc de învățat".
„De mâine mă apuc de citit".
„De mâine mă las de fumat".
„De mâine mă las de băut".
Prin amânare, planul tău se poate duce de râpă. Și, nu uita, moment portivit nu există. Există doar „acum".

Iată un exemplu despre cum banii trag la bani. Acțiunea, la acțiune. Cu cât faci mai multe pentru tine și visul tău, cu atât mai mult atragi din ceea ce faci. În urmă cu câteva zile, am primit un e-mail de la una dintre cele mai cunoscute platforme online de vânzare a cărților. În e-mail mi se transmitea faptul că: „Cu cât ai mai multe vânzări, cu atât urci în top, iar ei oferă niște super premii în bani celor din top 100. Asta înseamnă că, cu cât faci mai mult, cu cât vinzi mai mult, cu cât investești mai mult, cu atât vin toate spre tine, înapoi, în ceea ce faci. De aici și vorba «ban la ban trage». Dacă te apuci de treabă și investești pasiune și dragoste în ceea ce faci, toate vin înapoi, mult mai bogate".

Orice ai fi ales sau vei alege să faci, necesită timp. Sau chiar nu are un final. Acțiunea e urmată de efecte, însă depinde de domeniul ales. AI RĂBDARE! Nu toate vin deodată, bune sau rele. Imaginează-ți cum ar fi să fi avut tu toate coșurile tale de pe față, deodată?!

Cea mai mare glorie nu o dobândești atunci când nu ești doborât niciodată, ci atunci când te ridici după ce ai căzut.
Confucius

Cât eram copil, am avut o pisică pe care o iubeam tare mult. Aș putea să scriu multe despre ea, am avut împreună o grămadă de aventuri. Am trecut-o de mai multe ori la pagina „necrolog", ca, după câteva zile, săraca de ea, să apară din nou acasă. I-am și văzut blana strivită de asfalt, călcată de mașină, după care s-a dovedit că era blana altei pisici. Până când, într-o zi, venind acasă, după un weekend petrecut în Arad, am găsit pisica mușcată de cap de cine știe ce animal, infectată groaznic. După mult plâns, al nostru și al pisicii, după ce nu s-a putut face nimic și starea ei s-a înrăutăţit, nemaiputând să mănânce, mama a hotărât să o omoare. Mama, care nu omora o muscă. Dar nu se mai putea, o auzeam noaptea plângând şi nu puteam să dormim. Plângeam şi eu, stăteam lângă ea şi o mângâiam. Era întinsă sub soba de la bucătărie, nu se mai putea ridica, avea pe jumătate din cap o rană infectată, nu mai putea mânca, scotea doar nişte sunete, ca un plâns, care îţi rupeau inima. Era o suferinţă enormă în casă, în jurul pisicii. Într-o zi, ne-am dus pe podul de la Mureş, cu pisica în braţe şi în portbagajul maşinii cu o plasă şi o cărămidă pregătite pentru asta. Nici în ziua de astăzi nu ştiu ce-a fost cu mama de m-a dus să văd aşa ceva, pentru că a fost singura experienţa de asemenea natură pe care am văzut-o şi de care am auzit în familie. Oarecum era o decizie de comun acord. Văzând pisica în plasă, lângă cărămidă, pe unchiul meu, prezent şi el, l-au năpădit lacrimile. Eu tremuram. Mama n-a putut să arunce plasa. Ne-am urcat în maşină să plecăm înapoi spre casă, dar mama şi-a amintit de suferinţa de acasă, mai ales, a pisicii. A coborât iar din maşină şi a aruncat plasa de pe pod, direct în Mureş, cu pisică cu tot. Am sărit din maşină şi am apucat să văd încă plasa, care nu s-a scufundat direct, având ceva aer în interior, care a luat ceva timp până să iasă prin găurile special făcute. Au urmat urletele mele, lacrimi şi plâns, zile în şir. Dimineţile următoare, când mă trezeam, până să mă dezmeticesc, aşteptam parcă să vină pisica la mine în pat, apoi, după câteva clipe îmi aminteam iar că nu mai e și plângeam de mi se rupea sufletul. După atâtea nopți de chin, parcă o simțeam cum, undeva, încă se chinuie. Dar nu eram supărat pe mama, am înțeles că dezicia ei a fost cea mai bună.

După vreo săptămână de zile, în timp ce mă spălam pe mâini în baie, am auzit-o pe mama: „Ghici cine a venit acasă? Ghici!... Ai ghicit!" Avea rana de la cap uscată, un fel de coaja în urma acelei răni. Cum a ieșit de acolo nu știu, ce șoc de energie o fi prins, dar, dacă nu mă crezi pe cuvânt că acest lucru s-a întâmplat cu adevărat, atunci închide această carte și arunc-o-n foc! Au urmat săptămâni de joacă și distracție, până când am încuiat pisica într-un dulap al unei instituții publice și am uitat-o acolo. Cam într-o joi. Duminică dimineață mă uitam la Tom&Jerry, la care zice mama: „N-ai văzut pisica? Lipsește de câteva zile." Am sărit din pat ca un războinic adevărat, pornind împreună să salvăm „prințesa". Din fericire, nu am mai găsit-o acolo, aflând, mai târziu, că femeia de la curățenie era să facă infarct din cauza zgomotelor din clădriea goală, sâmbătă dimineața. Prințesa a ajuns acasă undeva pe luni, marți, teafără.

Dacă vorbim despre acțiune și moment potrivit, adu-ți aminte de pisica mea, acolo, în plăsuca ei, în gura morții. Cu toate puterile adunate, acțiunea a făcut diferența dintre viață și moarte. Acțiunea face diferența și dintre succes și eșec. Desigur, poți acționa și într-o direcție greșită atunci când nu știi ce faci, dar eșecul e la el acasă, atunci când, din toate planurile tale, lipsește acțiunea.

Prin acțiune înveți. Înfruntând provocările, înveți mai bine să știi ce vrei și ce poți, îți cunoști puterile, îi cunoști mai bine pe ceilalți și vezi cine ești.

Acțiunea în afaceri poate fi asemenea cu udatul unei flori. E nevoie de muncă fizică și intelectuală. Pentru că și învățatul continuu îți solicită o mare parte din energie. S-ar putea să crezi că știi despre vânzări, știind că ai învățat despre asta cu 10 de ani urmă. Dar ceea ce ai învățat în trecut, se poate să nu mai fie valabil sau util astăzi. Principiile sunt aceleași, dar metodele s-au schimbat. Trebuie să te pui la punct cu ceea ce e nou. Degeaba îți merge „papagalul", dacă nu știi să pornești un calculator, în secolul 21. Trebuie să treci la acțiune pe toate planurile.

Nu lăsa ziua asta să treacă degeaba.

În vânzările de orice fel, ai nevoie de o piață. În afară de online, ai o listă de prieteni și cunoștințe. Poate nu te-ai gândit la asta niciodată, dar cunoști atât de multă lume. De la vânzătoarea de la magazinul cu pâine, până la prietenii foștilor colegi de liceu. Depinde ce vei vinde, dar cercul mare de cunoștințe s-ar putea să te ajute enorm. Dacă nu ai aceste persoane concentrate într-o pagină de socializare pe internet, așterne toate aceste nume pe o hârtie și vei rămâne uimit de cât de mulți oameni cunoști. E și ăsta un punct de pornire în unele afaceri.

Pune accent pe marketing și rețea de oameni. Vei avea nevoie de publicitate, începe prin a învăța despre ce înseamnă ea și învață cât mai multe metode prin care să îți faci cunoscută afacerea sau produsul.

Legat de publicitate și promovare, caută să faci ceva nou, unic. Dacă vinzi trandafiri, fă o fundiță specială, a ta, care să fie prinsă de fiecare trandafir. Fă ceva pentru care să fii cunoscut, pentru ca să ieși în evidență. În momentul în care vei face reclamă produsului tău, vei veni în fața oamenilor cu ceva unic. Astfel, ai șansa de a fi promovat mai bine și oameni cu influență în media să ia parte la susținerea produsului tău. Dacă vii în fața oamenilor cu ceva ce s-a mai văzut, nu prea interesează pe nimeni, decât dacă îți promovezi produsul într-o manieră agresivă, care, în general, costă mult. Se spune că nu există publicitate negativă, ci, doar, publicitate. Totuși, ai grijă de imaginea produsului tău.

Apoi, gândește-te la mici trucuri de publicitate care pot ajuta și pe alții. De exemplu, poți colabora cu o cafenea. Acolo, fiecare om care cumpără o cafea poate primi un fluturaș care să conțină un cod de reducere pentru produsul tău. În felul acesta câștigi clienți prin reclamă gratuită, reducerea fiind una pe care ți-o permiți. Proprietarul cafenelei câștigă și el, oferind, pe lângă cafea, un cod promoțional. Astfel va câștiga clienți. Gândește...

Te-ai plimbat vreodată pe o bicicletă? Dacă da, știi bine că prima oară când ai urcat pe ea a ieșit un fel de comedie dramatică. Ambiția însă te-a făcut să înveți. După ce îți găsești echilibrul și îți dai seama că se poate, parcă nu te-ai mai opri din pedalat. Cam așa este drumul către visul tău. După ce îți găsești echilibrul și vezi că se poate, ești de neoprit. Acționează!

Oamenii care nu fac mare brânză, caută scuze. Ei mereu găsesc justificări pentru eșec, pentru lipsa acțiunii, pentru trândăveală. Oamenii de succes caută soluții. Tuturor ne place confortul și siguranța, dar e mai bine ca ele să vină ca un efect al creației noastre.

Nimic nu valorează mai mult decât ziua de azi.
Goethe

Traiul de astăzi – dacă îi permiți – îți invadează viața mai mult decât se întâmpla în trecut. Totul se mișcă mult mai repede, există opțiuni și oportunități nelimitate ca număr, comunicarea la distanță se realizează instant. Asta nu e rău deloc, pentru că îți oferă posibilitatea de a face alegeri. Astăzi, într-o zi liberă, poți vizita pe cineva într-un alt oraș, te poți întoarce în al tău, pentru cumpărături și, în câteva ore, să te afli într-un loc în care să îți petreci sfârșitul de săptămână. În același timp, poți comunica cu prietenii și familia aflați în altă parte, poți rezolva probleme de serviciu. Poți face atât de multe într-un timp atât de scurt. Dacă acționezi...

*Există o mie de scuze pentru eșecuri,
dar niciodată un motiv bun.*
Mark Twain

Așadar, muncește și învață, ca să fii bun în ceea ce faci și fă tot ceea ce poți mai bun, acolo unde ești, cu ceea ce ai. Folosește timpul ce ți s-a dat! Nu fi un simplu spectator, nu găsi scuze, ci trimite-ți toată energia spre a-ți crea viața mult visată!

Încheiere

Cu cât mai repede vei avea încredere în tine,
cu atât mai repede vei şti cum să trăieşti.
                                    Goethe

Ca temerile să te ţină departe de visul tău, departe de scopul tău, departe de rostul tău, mi se pare irosire de viaţă. Ştii cum? E ca şi cum ai primi o oră de viaţă şi un munte în faţa ta. Atât. În rest, nimic. Pe urmă, dacă urci sau nu urci, timpul ce ţi s-a dat va trece oricum. Iar tu, fie rămâi pe loc sau te învârţi în cerc, spunâdu-ţi că s-ar putea să păţeşti ceva pe drum în sus, fie, o iei din loc şi urci, şi urci, şi urci, şi devii de neoprit.

Peste zeci de ani, îţi doresc să te priveşti în oglindă şi să îţi spui:

„Ce bine că nu m-am dat bătut. Astăzi aş fi putut să fiu un ratat, aş fi putut să caut şi să găsesc motive pentru eşec. Dar nu am făcut-o. Am ales să fiu un învingător, am ales să descopăr, să trec peste provocări, să iau tot ceea ce se poate lua mai bun de la acest timp limitat în care mă aflu aici, în viață. N-aş vrea să întâlnesc astăzi, în oglindă, pe omul care aş fi putut să rămân, ci privesc drept în ochi, pe omul care am devenit prin propriile mele puteri. Acesta sunt eu!"

Nu te transforma în părinte uitând de pasiuni, nu te transforma într-un obsedat al unei pasiuni, uitând că ai o familie, nu te transforma într-un obsedat al unei pasiuni uitând de prieteni, sport, hobby etc. Ți s-au oferit o grămadă de lucruri de făcut, bucură-te de ele. Bucură-te de diversitate.

Fii recunoscător pentru ceea ce ai primit, pentru corpul tău, pentru mintea ta, pentru ceea ce poți face, pentru sănătate. Apoi încearcă să schimbi lumea în bine şi descoperă succesul tău.

Succesul poate să însemne orice, fiecare îl percepe într-un alt mod. Pentru unul înseamnă bani sau împlinire în carieră, pentru altul, linişte sufletească sau câştigarea unei competiții etc. Eu spun că succesul e combinație de reuşite din mai multe planuri. Carieră, familie, linişte sufletească, sănătate etc. Însă, deşi fiecare dintre noi venim pe nume cu diverse lipsuri, provocarea este să le acoperim prin abilități primite odată cu naşterea. Astfel, în loc să creezi probleme, rezolvă probleme. Nu poți atinge succesul creând probleme la fiecare pas sau găsind motive pentru eşec. Ele există peste tot, ca şi motivele pentru succes.

Devino rege sau rămâi pion

*Fii tu însăți schimbarea
pe care vrei să o vezi în lume.*
Mahatma Gandhi

Imaginează-ți un moment în care îți verși toată furia asupra unui om, iar acesta pune o oglindă între tine și el. Cadrul dispare și rămâi doar tu, cu tine. Țipând. Revărsând otravă. Scuipând venin.

Imaginează-ți un moment în care lași să curgă un val din dragostea ta asupra unui om, iar acesta pune o oglindă între tine și el. Cadrul dispare și rămâi doar tu, cu tine. Iubind. Revărsând lumină. Privind acei ochi calzi, în liniște și pace.

Viața pe care o duci ți se datorează. Din acest motiv, trebuie să îți setezi mintea în așa fel încât să te conduci singur către abundență, succes sau oricare ar fi viața pe care ți-o dorești. Dar nu trebuie să faci mișcări bruște! Dansează, joacă-te, învață, plutește, coboară pe pământ, zboară, descoperă, fă mișcări line, devino astfel un om mai bun și mai frumos. Trimite gânduri frumoase către oameni, iar cerul se va lumina și pentru tine. O lume mai bună înseamnă oameni mai buni.

Până când nu vei accepta ceea ce ai primit deja de la viață și anume corpul tău, familia ta, trecutul tău, până atunci nu vei putea accepta sau găsi nici ceea ce face parte din exterior: oamenii, viitorul, succesul etc. Iubește-te pe tine însuți, apoi, te vor iubi și ceilalți. Zidurile vor cădea și vei cunoaște libertatea!

Nu accepta circumstanțe care nu te fac fericit!
„Lasă că vede el", „O să îi pară ei rău".
Am auzit des pe la unii, după o despărțire, expresia: „Lasă că vede el/ea cum e fără mine". Să nu faci așa ceva! Mai ales în afaceri. Ori salvezi afacerea (sau relația) ori o lași baltă. Nu îți consuma energia fără rost. Atât de mulți oameni se agață de persoane din trecut, de locuri de muncă nepotrivite, iar acest lucru se întâmplă din cauza orgoliului, ego-ului. Spuneam mai sus, dansează, joacă-te, trăiește. Viața trece, nu ai timp pentru orgolii. De fapt, nu ai timp pentru foarte multe lucruri pe care continui să le faci. Dacă ai petrece, uneori, timp în liniște și meditație, ai reuși să descoperi aceste lucruri. E foarte important să înțelegi care sunt lucrurile, locurile, oamenii la care trebuie să renunți. Ca să găsești ieșirea din tunel, mai întâi trebuie să găsești lumina. Trebuie să găsești rostul, sensul lucrurilor.

Pentru că am ajuns la finalul acestei cărți și pentru că n-am prea vorbit despre pensie, care este un subiect potrivit pentru oricine, pe scurt, nu cred că cea mai bună variantă este să-ți aduni pensia prin plata lunară a unei sume de bani. Pensia se face prin investiții bine făcute. Ține-ți banii sub control. Și, nu uita, pensia nu trebuie să vină ca o eliberare. Pensionarea nu trebuie să devină o țintă, un scop.

Asta ar fi, de fapt, o tristețe, dacă s-ar întâmpla așa. Ideal este să-ți pregătești niște investiții bune pentru acea perioadă, apoi, să muncești atât cât dorești și cât poți, în domeniul ales, cu pasiune. Când va fi timpul pentru odihnă, banii vor veni din ceea ce ai construit.

Oriunde te-ai afla pe drumul tău, investește în tine în continuare, drumul nu a ajuns la sfârșit. Educarea ta ca manager al propriei vieți nu se termină niciodată, vremurile se schimbă, nu poți rămâne în urmă. Un om care a lucrat în vânzări în urmă cu 10 ani, care crede că le știe pe toate, de fapt, e depășit. Tehnica și internetul s-au dezvoltat atât de mult, încât el nici nu știe câte a scăpat din vedere. Trebuie să citești mereu cărți noi, să mergi la câte un curs sau seminar. O să îmi dai dreptate.

Nu trebuie să fii campion în astronomie, dar, dacă te oprești la aritmetică, la adunări, rămâi în clasa I. Nu trebuie să fii campion la sport, dar, dacă te oprești după 5 abdomene, e nasol. Nu trebuie să fii campion la făcut bani, dar, dacă banii nu îți vin din ceea ce îți place să faci, o să îți cumperi cu ei, în compensație, lucruri de care nu ai nevoie. Cei nefericiți cheltuie mai mulți bani pe lucruri inutile. Nu trebuie să fii campion la prieteni, dar, ca să ai oameni frumoși în jurul tău, e alegerea ta. Nu trebuie să fii campion în dragoste, dar, dacă nu iubești, trăiești degeaba. Ți-aș oferi fericirea împachetată în daruri și averi, dar nu se poate așa ceva. Trebuie să îți urmezi calea sufletului...

Alege să faci lucrurile cu drag sau din dragoste pentru ceilalți. Dacă plantezi un pom și nu o faci cu drag, măcar fă asta cât de bine poți. El va ține umbră altora, va da roade, va exista. Dacă plantezi un pom și, odată cu el, plantezi acolo și o bucățică din sufletul tău, o să fie al tău, o parte a ta. Îți va da aceleași roade, dar vor avea gustul mai dulce. Pentru că le vei aștepta, vei păstra sâmburii fructelor și le vei planta și pe ele cu grijă. Până și frunzele uscate le-ai strânge ca să-ți împodobești cu ele părul sau casa. Ar fi o poveste, povestea din grădina ta, livada ta, lumea ta colorată. Caută să faci lucrurile cu drag, așa, ele vor crește și vei crește și tu cu odată cu ele. Vei umple lumea de povești frumoase.

Viața, uneori, este foarte grea, dar merită fiecare minut. Nu trăiești nici ieri, nu trăiești nici mâine. Singurul moment în care trăiești e acesta. Trăiește frumos și devino mai bun. Devino liber, devino ceea ce vrei tu să devii!

Păstrează-ți calmul și fii sigur că poți să faci orice îți propui, orice crezi că poate deveni realitate.

Viața e prea scurtă pentru a aștepta schimbări din exterior.

Te-ai născut ca să învingi, nu ca să îți plângi de milă!

Cuprins

Introducere   Ce faci cu viața ta? 13

Capitolul 1   Primii pași 23

Capitolul 2   Ieși din zona de confort 29

Capitolul 3   La ce să renunți 35

Capitolul 4   Valori, modele și relații 44

Capitolul 5   Învață! 55

Capitolul 6   Fă alegeri înțelepte 61

Capitolul 7   Țeluri și viziune 70

Capitolul 8   Locul de muncă 83

Capitolul 9   Vor fi multe de făcut 96

Capitolul 10 Fă rost de bani 104

Capitolul 11 Idei de afaceri 118

Capitolul 12 Acționează 134

Încheiere 145

Printed in Great Britain
by Amazon